頑張りすぎる
あなたのための

# 会社を
# 休む
# 練習

# はじめに

「寒いから頑張りすぎないでね。と言っても、あなたは頑張っちゃうんだろうな。ありがとう。お疲れ様……」少し前にテレビで流れていたＣＭのセリフです。女優の石田ゆり子さんがにっこり微笑みながら、缶コーヒーを差し出すこのＣＭを見て、どれだけの男性が癒やされたのでしょうね。女性のあなたならどうでしょう、福士蒼汰さんが目の前に現れ、このセリフと一緒に缶コーヒーを差し出されたら……。

さて、このなにげないＣＭに人間の根本的欲求が隠されています。その欲求とは何かわかりますか？　ポイントはふたつあります。

第１のポイントは**「あなたがすでに頑張っている」**という点です。そしてもうひとつのポイントは**「まだこれから頑張ってしまうだろう」**という点です。

いまから十数年前の話になります。私が30歳になったばかりの頃です。当時バブルの最終時期といった頃でしょうか。毎日、目の前には仕事の山。私もまだ体力も気力もあり、長時間の残業なんてなんのその。つまりは完全な仕事人間でした。出世し、金持ちになって偉くなること。そんな漠然とした目標を持ちながら、毎日毎日仕事のことばかり考えていました。その年、幸運にも結婚もしました。

ところが、まだこれからというときのことです。ある時期を境に頻繁にお腹の調子が悪くなりました。それでも我慢をしながら仕事をしていましたが、さすがにこれはおかしいと病院で精密検査。するとお腹に腫瘍が見つかりました。医者の先生に「腫瘍ってなんですか?」と訊くと「悪性の場合はガンですが、これはお腹を開けてみないとわかりませんね」という答えでした。その夜、結婚をしたばかりの妻にそのことを伝えたときの顔をいまでも覚えています。

会社に理由を説明して休暇届を出し、入院しました。結果的に手術は成功し、運よく腫瘍も良性でした。それでも、その結果を聞くまでの数日間、頭の中は「死」という言葉でいっぱいとなって、他のことは何も考えられませんでした。あれだけ仕事中心の生活を送っていた私が、仕事の「し」の字も考えることはなかったのです。その後完全に回復するまでには、約2か月近くの休みを取ることになりました。入社して十年弱といえばある意味、会社からの評価でいちばん大事な時期のことです。

振り返ってみるとこの経験が私に「人生の意味」を教えてくれたことになります。より良い人生を送るためには「心身ともに健康であること」がいかに重要か思い知ることにもなりました。そんな私の現在ですが、大なり小なり持病を抱え、相変わらず完全な健康とはいえない状態で仕事をしています。そして、他のどの社員よりも会社を休んでいます。定期的に私に休みを与えるかのごとく持病が暴れだすので、都度、体調回復のために休みを取っています。

といっても、調子が悪くて休んでいるだけではありません。有給休暇を使ってセミナーや勉強会に参加し、新しい刺激と知識を吸収したり、完全にリフレッシュのために有給休暇を利用しています。いつしか、若かりし頃の目標だった「出世して偉くなる」なんてことは頭の中から一切消え去り、当時とは異なる大きな目標を持って生きています。その大きな目標とは、「働く人から苦しさを無くす」ことです。

さて、冒頭のCMに隠されている人間として根本的欲求とは何か？

それは**「休みたいという欲求」**です。画面の中からとはいえ、石田ゆり子さんにコーヒーを差し出され、ほとんどの男性が束の間の癒やしを感じながら「ああ休みてえなぁ……」と思ったのではないでしょうか？　この本の結論を言ってしまいましょう。**休みたかったら休めばいいのです。疲れたら無理をせず、休めばいいのです。**

休まずに生きている動物はこの世界にいません。仕事の合間に、この本を読みながら、「会社を休む勇気」を身につけ「会社を休む不安」を無くしましょう。そして休みを取ってできた時間を利用し、何も考えずリフレッシュするもよいでしょう。また、外から会社を眺めて「働く意味」を改めて考えるのもよいかと思います。意外とそういう時間にあなたの人生の本当の目的が見つかったりするものです。

この本は、大きくふたつの方向から徹底的に「会社を休む不安」という心のブロックを壊しにかかります。ひとつは実践的心理学であるＮＬＰ（神経言語プログラミング）の考え方を基本に、自分の内面に起こる心理面での不安を解明し、そのブロックを壊しにかかります。そしてもうひとつは、それでもあなたの前に立ちふさがる会社からのプレッシャーや上司のパワハラなどに対し、法律的な立ち位置を説明するとともに、その立ちふさがるブロックに立ち向かい解決する方法を示します。

この本を読み終える頃には、あなたの心が少しでも軽くなっていることを心の底から願い、本編に進みましょう。

目次

第2章

# 会社を休ませないもうひとりのあなたと向き合う　039

## 第3章　休むことの意味を考える　061

## 第4章 会社を休めないあなたから、休めるあなたになる 087

## 第5章 自分の人生を取り戻す 115

# 第1章

# 会社を休みたいのに休めないメカニズムを知る

## つい頑張ってしまうときの心の中

目覚まし時計が鳴った。布団から起き上がろうとすると身体が重い、だるい。間違いなく熱があるなと感じ体温計を脇に挟む。1分後タイマーが鳴って体温計を見ると37度5分。ああ、やはり……でも微妙な熱だな。でも、今日会社は休めないな。それに、もし私が休めば仕事は大混乱だろうな。ああ、でも辛いな。そんな自分との会話を交わしながら、自然と会社へ行く準備を進める自分がいる。やはり今日は休めないよな。今日休んだら部長に怒られるだろうな。

こんな状況、あなたも経験ありますよね。無理をすればますます調子が悪くなるのはわかっている。でも、どうしても仕事が気になってしまう。1日休めば回復してなんとか取り返すこともできるだろうけれど、部長が怖いし、同僚たちにも迷惑をかけちゃうし。それに今日休んだら評価も下げられるだろうし。仕方ない、頑張って会社へ行くか、と。あなたが頭の中で考えていることをズバリ表すと次のようになります。

## 「自分の身体のことよりも仕事のほうが重要だ」

「そんなバカな」と思いましたか？　まれに「そりゃそうだ。仕事こそが私の人生だ。少しくらい身体の調子が悪いくらいで仕事を休めるか！」という人もいます。しかしほとんどの人は「自分の身体のことより仕事のほうが重要だ」と言われたら、心がざわつくのではないしょうか。それにもかかわらず、あなたは会社を休めずにいます。

調子が悪いときくらいゆっくり休めばいいのに、頭に浮かぶのは会社のことばかり。仕事を休む罪悪感さえ持ってしまう。この「心がざわつく感覚」とはなんなのでしょう？

実はこの「心がざわつく感覚」を生み出すものこそが、休みたいのに休めない原因なのです。第1章ではそのメカニズムを大きく3つの視点から解明していこうと思います。

そこでまず、大きな視点から自分の立ち位置を確認するために、日本の企業全体における「有給休暇の取得状況」を見てみましょう。

# 第1の視点〜日本全体の状況

## ①有給休暇の取得状況

「休みたいのに休めない」状況はあなただけなのでしょうか？　まず、日本の有給休暇取得状況を見てみましょう。

厚生労働省が行っている２０１７年「就労条件総合調査」によれば、１年間の付与日数は１人平均18・２日、そのうち労働者が取得した日数は９・０日ということです。取得率で見ると49・４％となり、休めるはずの日数の半分しか休んでいないのが現状です。

世界各国との比較でも、日本の企業は有給休暇の取得率は低く、２０１７年に行われた30ヶ国を対象とした有給休暇の取得率に関する調査では相変わらず日本は最下位です。総合旅行会社・エクスペディアの日本語版サイト、「エクスペディア・ジャパン」が実施した、各国における有給休暇の状況や意識調査によると次のとおりです。

①日本人の有給消化率

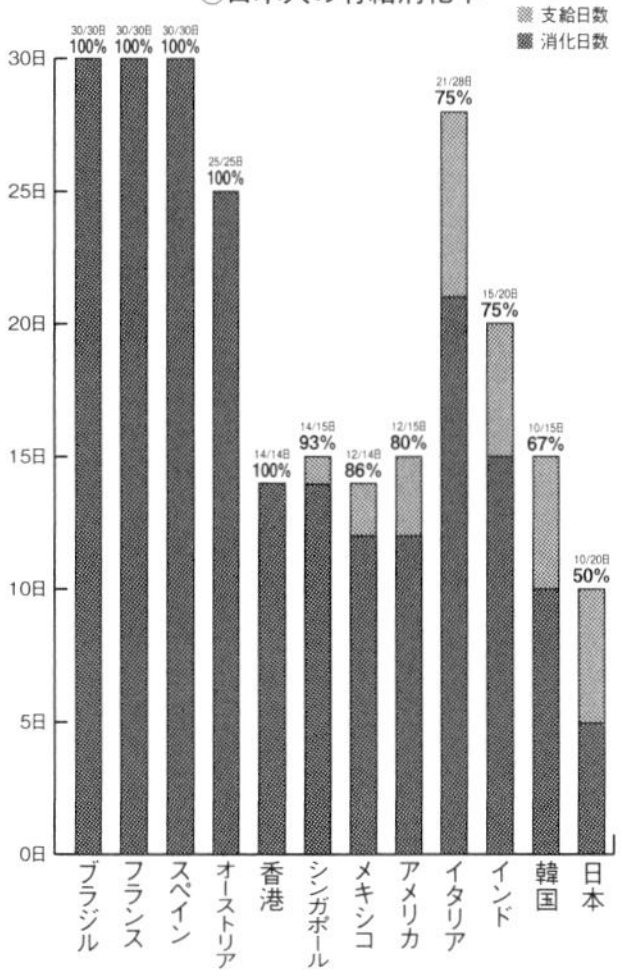


②有給取得に罪の意識を感じる人の割合

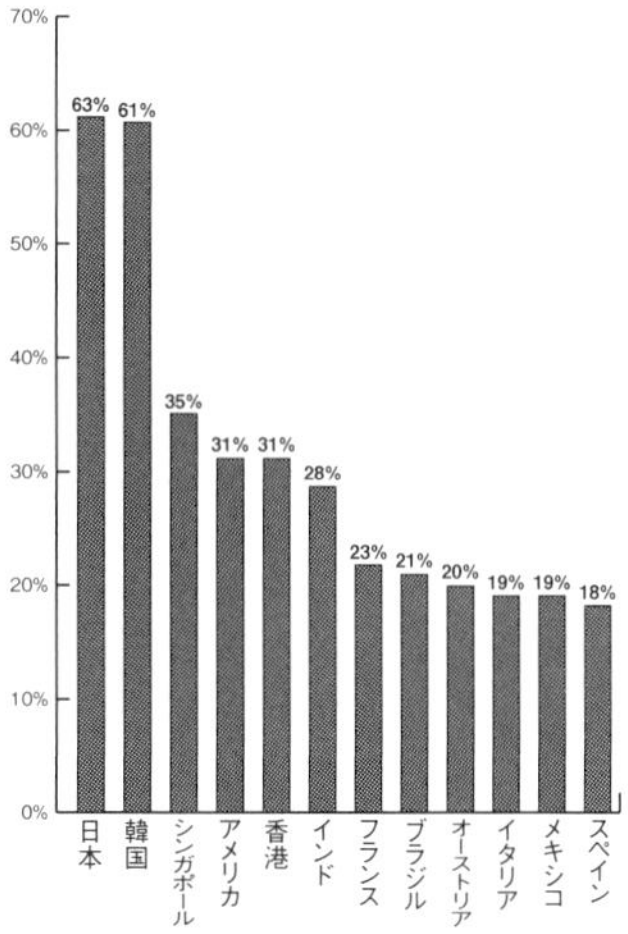


③「上司が有給休暇を取ることに
協力的かわからない」と感じる人の割合

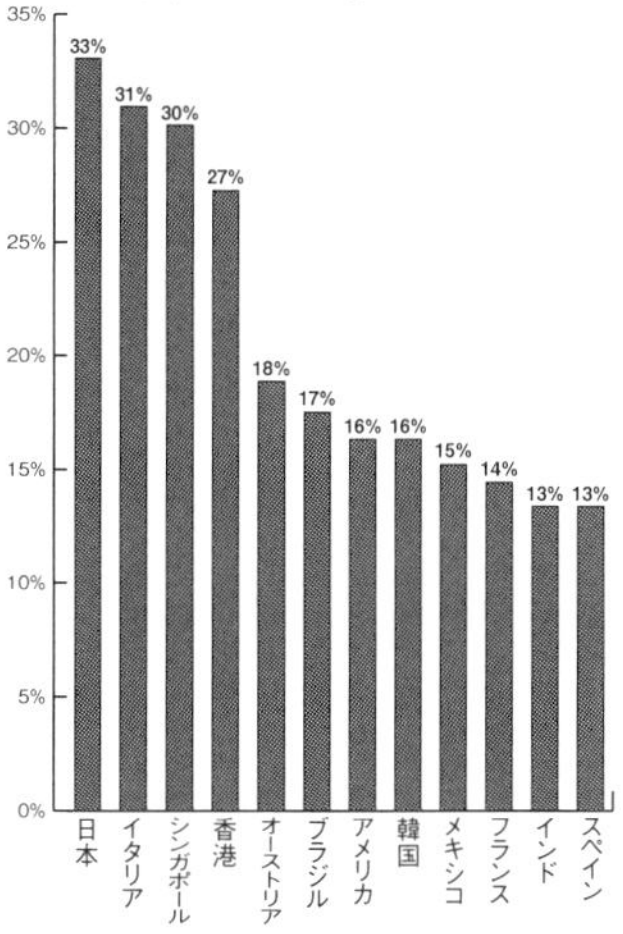


④休暇中でも
仕事のメールを見てしまう人の割合

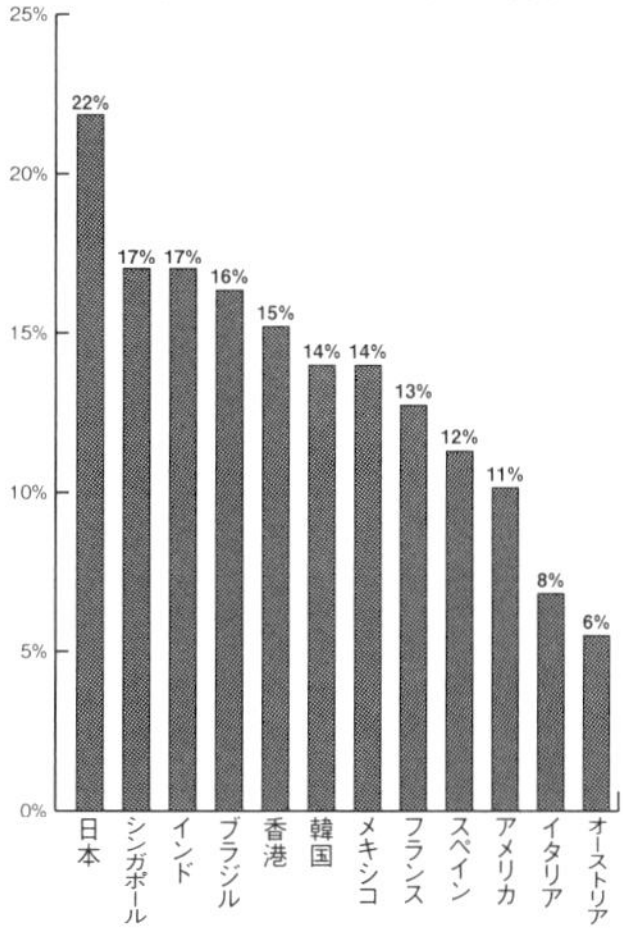

・有給休暇消化率……最下位（30国中）
・有給休暇を取ることに罪の意識を感じる……1位（30国中）
・上司が有給休暇を取ることに協力的かわからない……1位（30国中）
・自分の有給休暇日数を知らない人の割合……1位（30国中）
・休暇中でも仕事のメールを見てしまう人の割合……1位（30国中）
・休暇の取り方は「短い休暇」を取る……1位（30国中）

We ❤ Expedia「有休消化率2年連続最下位に！　有給休暇国際比較調査 2017」より
https://welove.expedia.co.jp/infographics/holiday-deprivation2017/

興味深いのは表②における「有給休暇取得に罪の意識を感じる人の割合」です。2位韓国とともに他の国と比べ、罪悪感を抱く人の割合が突出しています。

表③の「上司が有給休暇を取ることに協力的かわからない」と感じる人の割合でも、日本が他国を圧倒しています。一方、先ほどの表で日本人と同じくらい「有給休暇を取ることに罪の意識を感じる割合」が多かった韓国は、日本の33%と比べて、16%と半分以下の割合です。

ここから推測できることは、日本の企業で働く人の63%の人が「有給休暇取得に罪の意識を感じている」ということ。そして、その半数の人は上司の顔色を窺っているのではないかということ。しかし日本と同程度の割合の人が「有給休暇取得に罪の意識を感じている」韓国は、上司の顔色を窺っている人は意外に少ないのではないかということです。

もうひとつ興味深いのが「休暇中でも一日中仕事のメールを見てしまう人の割合」です。ここでも日本は世界ランキング堂々の1位を記録してしまいました。そもそも休暇とは「労働から完全に離れて心身ともに仕事から開放されている状態」を言います。「日中メールをチェックしている状態」はあきらかに休んでいるとは言えません。つまり、休日を取っていたとしても本当に休んでいる人の実数はさらに少ないという事実がわかります。

## ②他人の目を気にする日本人

就労条件総合調査で「有給休暇を取りにくい」と回答した人の理由については、おおむね次のような理由が挙げられています。

「職場に休める空気がない」「自分が休むと同僚が多く働くことになるから」「上司・同僚が有給休暇を取らないから」「休まないことが評価される風土がある」「業務量が多く、人員が不足しているから」などです。

エクスペディア・ジャパンの調査結果を見てもあきらかなように、日本人は休むことにかなり強烈な心理的ブロックを持っていると言えます。この強烈な心理的ブロックは、国が推し進める「働き方改革」が進めば改善されていくのでしょうか？

国は休めと言っている、しかし、実際の現場ではそうはいかない。おそらく日本人というのは、世界でもまれな、会社を休むことに関しての強烈な心理的ブロックを持っている民族なのでしょう。

いったい、自分の体調をも犠牲にしてしまうほど強烈な心理的ブロックはどこから生まれるのでしょうか。

先ほどのデータから推測できることは、外国人と比べて、日本人はとにかく他人の目を気にする民族だということです。会社からの評価、そして上司、同僚からの評価を常に意識しながら毎日の業務をこなします。中には、周囲からの評価がすべてであるかのごとく、「他人からよく思われたい」という想いを前面に仕事をしている人も相当な数います。

日本の会社員にとって、どんな職場であろうと、まずはその職場の一員であり、自分がその組織に必要な存在であることを上司・同僚から承認されることがいちばん重要なのです。だから無意識にその場の空気を読み、その空気から逸脱しないことに全力を注ぎます。その場の空気に馴染み、その空気に逆らわないように、自分の意見を殺す。その結果、自分の体調さえも犠牲にしてしまう悲劇が当たり前のように起こるのです。

なぜなら、そこがどんな職場であろうと、どんな上司・同僚がいようと、**同調すること に潜在意識レベルでは居心地のよさを感じてしまうからです。**

## ③空気を読む日本人が作る社会

そもそも「空気を読む」とはどういうことでしょうか？　日本人が会社を休めない心理的ブロックの正体を暴くひとつのカギになるので少し話を進めたいと思います。

似たような表現として、欧米では「Read The Lines」という言葉があります。翻訳すると「行間を読む」という意味になります。これはコミュニケーションにおいて、「発信者の言葉の表に出なかった省略された意図を探り出して読み取る」というニュアンスで使われます。そして、その行間から読み取ったものを発信者に投げかけ、コミュニケーションが続行していきます。

一方、日本人の「空気を読む」は、自分の周り状況も含め、そこにかかわり合うすべての状況に極端なほど配慮することから始まります。さらに、その場の大きな流れに同調し、自分を押し殺すことに重きを置きます。日本人にとって、その場において、自分が異質な存在になることは恐るべき状況なのです。それを避けるために徹底的に他者に同調し、その場の大きな流れに身を任せます。

以前私が所属していた職場に「空気を読む」ことに命を懸けたかのような上司がいました。ことあるごとに部下に対して「空気を読めよ！」と喝を入れるのです。

このたぐいの人たちにとって「空気は吸うもの＝呼吸するもの」ではなく「読む」もののようです。**「空気を読む」人たちが作りだした社会は、その場に属す人たちを、その作りだした「空気」という小さな空間に閉じこめ、そこに異を唱える者を排除することが原則となります。**

結果、そこに属する社員は異を唱えることを避け、その状況や背景をどんどん深読みし、空気を読む訓練を日々することになります。そして、空気を読む自分も、空気に支配される自分も無意識のものとして当たり前のものとしてに存在するようになります。

そんな状況で、月末の忙しい時期、あなたが体調を崩し、体調を回復させるために会社を休みたいと考えたとします。ところが、あなたの身体は悲鳴を上げているにもかかわらず、あなたに組み込まれた「空気を読む」というソフトが立ちあがります。そして、無意識に上司、同僚が作りだした職場の空気を全力で読みにかかります。その空気にがんじがらめに縛り付けられ、結果として自分のことよりも会社のことを優先してしまうことになります。

日本には400万社以上の会社があります。そこにいるほとんどの人がその場の「空気」を吸うのではなく、「空気を読んでいる」というのが日本の現状です。

## 第2の視点〜「会社を休めない」心のブロック

ここでは、個人レベルにおいて、なぜ「空気を読む」ことに支配されてしまうのかを追及してみたいと思います。なぜなら、この「空気」の正体を掴み、そこから解放されない限り、会社を休みたくても休みたいと言い出すことができないからです。

### ①人間は過去の記憶を通して物事を理解する

さて、あなたが朝会社に出社するときのことを思い浮かべてみましょう。

あなたは、会社の敷地に足を一歩踏み入れた瞬間、確実に家にいるときと違う「空気」を感じ取っているはずです。つまりこれから会社の上司や同僚たちと同じ空間で1日を過ごす準備を始めるわけです。その瞬間、あなたの脳にプログラムされた「空気を読む」というソフトが自動的に起動します。上司や同僚と朝の挨拶を交わすとときも、無意識に「今日の部長の機嫌はどうかな?」と上司の空気を感じ取りにかかります。

この空気を感じとる何かしらのセンサーに引っかかり「空気を読む」ソフトを立ちあげる原因となるものがあります。その正体は、**あなたの「過去の記憶」**です。

「考える」という作業は、自分の「過去の記憶」からなんらかの回答をひねり出そうという作業に他なりません。この世に生まれてから数十年間生きて来たあなたには、無数の「過去の記憶の蓄積」があるわけです。そして良くも悪くも、この過去の記憶の蓄積が、確実にあなたを作りだしています。そしてその記憶の中の一部が、あなたが会社を休みたいのに、その場の「空気を読んで」休めなくなってしまう大きな要因になっているのです。

## ②過去の記憶には種類がある

そこでまず、人間の記憶に関しての知識を、少しだけ深めていきたいと思います。

記憶には「短期記憶」と「長期記憶」があります。あなたの脳は目の前の話し相手の表情や会話の内容などを暫定的な記憶として保存しますが、時間とともに必要のないものからその記憶を捨てていくようにできています。これが文字通り短期に保存された「短期記憶」です。「あれっ？　アイツと話した内容なんだったたっけ？」など、たわいもないことはすぐ忘れてしまいますよね。

一方で、まずはいったん「短期記憶」に置かれたけれど、あなたの脳が覚えておくに値すると判断し、記憶しておこうということが起こります。その記憶は「長期記憶」をしまう場所に保存されます。この「長期記憶」は基本的に失われることがありません。つまり、ずっとあなたの脳の中にしまわれることになります。

長期記憶には、「意味記憶」と「エピソード記憶」の2種類があります。

ひとつ目の「意味記憶」とは、言葉などに意味を与えて記憶するものです。たとえば、試験勉強などで歴史の年号のゴロ合わせ（1185年＝いい箱作ろう鎌倉幕府など）なんかまさにこれを狙ったものです。すぐに忘れてしまう短期記憶に何かしらの意味付けをして長期記憶に持っていく過程を実践しているわけです。

ふたつ目の「エピソード記憶」とは、ある物事を何かしらのエピソード（物語）に絡めて覚えることで、そのできごとが忘れにくくなるというものです。これは「意味記憶」よりもかなり強烈です。たとえば、幼い頃はじめて熱いお茶に触って火傷《やけど》をしてしまったというエピソードがあるとします。幼いあなたは、まだお茶が熱いということを知りません。お母さんが湯飲みを持ち、ふうふうしてお茶を飲んでいるのを見ています。好奇心のかたまりであるあなたは、お母さんが目を離したすきにその湯飲みに触ります。その瞬間、熱いお茶が手にかかり火傷をしてしまいました。身体的にダメージを負った記憶や、辛い記憶は「とくに強烈な記憶」としてあなたの脳内に蓄積されます。

## ③他人の体験やさまざまな情報までも自分の記憶として取り込んでしまう

これまでの人生で、あなたは数えきれない体験を通じて、脳の中に無数の記憶を蓄積してきました。とくに、強烈なエピソードに絡んだ記憶は、あなたが思い出そうが、思い出せなかろうが、いまこの瞬間もあなたの脳の中にしまわれています。

また、記憶のやっかいなところは、自分の体験以外にも、テレビ、本、雑誌、噂、ネットなどのさまざまな情報を、あたかも自分の体験であるかのように記憶してしまうことです。とくに嫌な体験、自分にとって危険な体験は優先的に脳の中にしまわれエピソード記憶として蓄積されてしまうのです。そこで、他の人の体験を自分の体験の記憶にしてしまった私の実体験をご紹介しましょう。もうずいぶん前の話になりますが、以前在籍していた職場でこんなことがありました。

その部署は30人くらいの規模で、当時は売り上げもよく、勢いのある部署でした。その部署に海外から新しい上司が戻ってきました。その方は当時、会社ではいちばんの出世頭で、40代の若さで常務取締役となり、この部署を仕切ることになりました。

ある月曜日の朝、課長が部下の休みを常務に報告しました。その部下は朝から具合が悪く、やむを得ず上司である課長に連絡し休みを取ったようです。課長から部下の休みの報告を聞いた常務は、烈火のごとく怒りだし、部署全体に響きわたるような大声で「月曜に休むとは何事だ！　アイツは何を考えておるんだ！」と怒鳴り始めました。その怒り方は尋常《じんじょう》ではなく、私も含めその異様な雰囲気に圧倒された記憶があります。

翌日の朝礼で、具合が悪く会社を休んだ部下はみんなの前で常務に大声で説教されました。「月曜に休むとは何事だ！　お前は何を考えておるんだ！　いいか、日曜日は次の週にしっかり働くための調整日だ。それを何だ、具合が悪くて休むだと。お前のような奴は社会人失格だ！」と。昨日に続いてその様子を見ていた同じ部署の人たちは、その異様さにこの状況を自分のことのように感じてしまったのでしょう、以降この常務がいなくなるまで月曜日に休む人はいなくなりました。中にはどうにも具合が悪くても出勤していた人もいました。

このケースでは、月曜に休んで常務から直接罵倒《ばとう》された本人は、強烈で忘れられない記憶として脳に記憶（プログラミング）され、大きな傷になったはずです。同時に、この状況を間近で見て、聞いて、感じた、同僚の社員たちも、まるで自分のできごとのように、強い記憶として脳に信号が送られ、深く刻み込まれたのではないでしょうか。「月曜に休む奴は社会人として失格である。月曜日は絶対に休んではいけない。**それより何より、もし休んだら、常務に罵倒され同僚の前でさらし者になる。月曜日に休むと危険だ！**」と。

実際、このできごと以降、私自身も月曜日に休むことが非常に恐怖になり、日曜日の夕方どころかその日1日中憂鬱な気分につつまれ、休日なのに休んだ気がしなかったという記憶があります。

ちなみに常務はこの数年後に体調を崩し長期休養になり、それから帰らぬ人になりました。常務が長期入院で休むようになった当初、社内では「常務また休み？　社会人として失格だよね」といった声が聞こえました。実にむなしい話だといまは思います。

# 第3の視点～あなたを休ませない記憶の正体

では、「休みたいのに休めない」あなたにしてしまう引き金となる記憶とは、具体的にどのようなものなのでしょうか？　それを探り出すために興味深いワークをやってみましょう。

## ①状況にどっぷりつかりその気分を書き出すワーク

このワークの目的は、あなたが休暇届を出そうとしたときに感じ取った嫌な思考を書き出し、表面化することにあります。まず状況を設定します。そして、ゆっくり深呼吸をしましょう。これから私が説明する状況をできるだけリアルに想像しください。いままさにあなたの目の前でこのできごとが起こっているかのように、どっぷりその状況に浸ってみてください。では、どうぞ。

いまあなたは会社の事務所にいます。この1週間、かなりの残業が続き身も心もへとへとに疲れています。さすがに気力体力の限界かなと思いつつ、有給休暇を出そうと決心します。

ふと周りの同僚を見るとみんな黙々と仕事をしています。でも、とてつもなく疲れていて、どう考えても、明日まともに仕事はできそうにありません。

「やはり明日は休もう」ともう一度自分に言い聞かせ、有給休暇の用紙を手に取って記入しようとします。

そのときのことです。部長が会議から戻ってきました。部長の顔はいつになく厳しい表情。明日休暇をくださいなんて言ったらなんて言われるだろう……。

どうですか、状況に入り込めましたか？

では次に、この状況の中でのあなたが、これから有給休暇を出そうとしたときに、周りの同僚の空気を感じ、さらに部長の顔の表情を見たときに感じた「心がざわついた感覚」をすべて紙に書いてみてください。その書き出しは、すべて「この状況で会社を休むと」

から続けてみてください。

**この状況で会社を休むと……**

・部長に怒られる
・周りの同僚みんなに迷惑をかけてしまう
・自分の評価が下がってしまうかも
・自分だけ仕事をサボるって思われてしまう
・同僚から自分勝手な奴だと思われて仲間外れにされてしまう
・会社からの評価が下がり出世できなくなる
・同僚から「なんでアイツだけ休むんだよ」と陰口を言われる
・責任感のない奴だと思われる

どうですか？　こんな感じではないかと思います。人それぞれですが、おおむね似たような、なんとも嫌な「心がざわつく感覚」が出てきたと思います。でも、あなたは当初の意思通りに、その嫌な「心がざわつく感覚」を乗り越えて有給休暇届を出さなければなりません。どうですか？　有給休暇届は無事に提出できましたか？　そうです、いまあなたが書き出したこと、思いついたことが、あなたがいつも場の「空気を読む」源となる記憶の中身なのです。

## ②なんとも嫌な「心がざわつく感覚」の分析

先ほど「人間は過去の記憶を通してしか物事を理解できない」と書きました。有給休暇を出そうと決心したあなたは、周りの同僚や部長の雰囲気を感じたとたん、あなたの頭の奥底にしまい込んでいた「この状況で会社を休むと、責任感のない奴だと思われる」などの否定的な過去の記憶が瞬時に引きだされたと思います。そして、そのなんとも嫌な「心がざわつく感覚」にあなたの身体全体が支配され身動きが取れなくなります。

いったいそこまであなたを追い込む過去の記憶とはなんなのでしょう？　そのヒントはあなたが書き出した「心のざわつき感覚」の中にあります。再度見てみましょう。

**この状況で会社を休むと……**

・部長に怒られる
・周りの同僚みんなに迷惑をかけてしまう

・同僚から自分勝手な奴だと思われて仲間外れにされてしまう
・責任感のない奴だと思われる

もしかしたらあなたは過去にこのような体験をしたのではないでしょうか？

**このような状況で会社を休んだので……**
・部長に怒られた
・周りの同僚みんなに迷惑をかけてしまった
・同僚から自分勝手な奴だと思われて仲間外れにされてしまった
・責任感のない奴だと思われた

さらに人間の記憶のやっかいなところは、自分で体験していないことも自分の体験として記憶してしまうという説明をしました。つまりこういうことです。

**このような状況で職場の同僚の誰かが会社を休んだら、その同僚が……**
・部長に怒られた

・周りの同僚みんなに迷惑をかけてしまった
・同僚から自分勝手な奴だと思われて仲間外れにされてしまった
・責任感のない奴だと思われた

つまり、過去に職場の誰かが有給休暇届を出したとき、同じような場面を見たり、他人から聞いたりしたことを、まるで自分の体験であるかのように脳が記憶として蓄積してしまっているということです。さらにやっかいなのは、このような職場での体験や記憶以外に、両親からの教育、学校教育、テレビや映画、インターネットなどからも似たような状況を見たり聞いたりします。**これらについても同様にまるで自分に起こったできごとかのごとく、自分の記憶として脳に蓄積しまいます。**

## ③なぜ脳は「心がざわついた感覚」を引っぱり出すのか

身体的にダメージを負った記憶や、精神的に辛い記憶は、とくに強烈な記憶としてあなたの脳内に蓄積されると書きました。先ほどのワークで出てきた「嫌な感情」はこのたぐいの記憶から引っぱり出されたものです。

では、なぜこのような負の記憶は強く記憶され、いつまでも忘れられないのでしょうか。さらになぜ、嫌な気持ちになってしまうのに、わざわざ記憶が引っぱり出されるのでしょうか？　第2の視点②でお話しした「幼い頃の火傷の話」を思い出してみてください。なぜ、あなたが幼い頃、好奇心から熱いお茶をこぼして火傷してしまったことをあなたの脳は強烈に記憶しているのでしょうか？

もしかしたら、お茶で火傷した当時のできごと自体はすっかり忘れているかもしれません。しかし、それ以降の人生で、熱いお茶やお湯、または熱くて火傷すると想定できるものを見ると、即座に「あれに触れると火傷するから危険だ」と反応し、決して触ったりしないようになっています。これは、幼い頃に火傷したできごとは表面上忘れてしまっているけれど、潜在意識レベルでは「熱いものを触ると火傷するから危険だ」と強烈にプログラムされているからです。

だから、**同じような状況に遭遇した場合、即座に潜在意識から危険だというシグナルが発信され、熱いものに注意するという行動に結びつくのです。**私たち人間が生命を維持してゆくための最も重要なメカニズムであり、これが機能しなければ同じような危険に遭遇したときに、避けることができなくなってしまいます。

話を戻すと、あなたは、有給休暇を出そうと思った瞬間、なんとも嫌な「心がざわつく感覚」を感じました。なぜ、あなたの潜在意識は、わざわざこのような嫌な感情を引っぱり出したのでしょう？　その意図はなんなのでしょう？　それは、こういうことです。

**「もしここで会社を休むと言い出すと、上司・同僚に迷惑をかけたり、わがままなダメな奴だと思われてしまう。最悪、これまで築きあげた上司・同僚との関係を壊してしまう可能性もある。これは自分がいちばん恐れている状況だからなんとしても避けなければならない」**

だから、あなたの潜在意識はそれを避けるように身体反応を起こし、「休むと危険だ」とあなたに知らせたわけです。その大元はあなたが生まれてからこれまで蓄積してきた過去の記憶です。潜在意識がいまのあなたの職場の現状を維持するために、嫌な身体感覚を通じて休むことを阻止しようとしたということです。

この時点では、あなたがなんと言おうと、潜在意識レベルでは、あなた自身の体調の悪さよりも「職場における上司・同僚との関係」を維持するほうが重要だと判断しています。これこそが「休みたいのに休めないメカニズム」の真相です。潜在意識が発する現状を維持する強力な力については次章にて解明していこうと思います。

## この章のまとめ

・日本人は休むことに関しての強烈な心理的ブロックを持っている
・「空気を読む」人たちが作りだした社会はそこに異を唱える者を排除する
・過去の記憶があなたを作りあげている
・人間は過去の記憶を通してしか物事を理解できない
・自分の実体験以外のできごとも自分の記憶として蓄積されてしまう
・「心がざわつく感覚」の源は嫌な記憶である
・「嫌な記憶」が現状のあなたを維持するために休もうとする行動を阻止する

# 第2章

# 会社を休ませないもうひとりのあなたと向き合う

# ある朝の風景

朝、会社のトイレでお化粧を直していると、同期のまいが駆け込んできます。

「ねえあすか、今日、ななせ休みだってさ！　月末のこの忙しいときに困ると思わない！　もう今日は残業だよ！」

まいのすごい剣幕に圧倒されながら、あすかは頭の中でこう呟きます。

「そういえば、ななせは、昨日、調子悪そうだったもんな……。でも、まいもななせの様子を見ていたはずなのに、すごく怒ってる……」

職場に戻ると、ななせが休んだために、職場はてんてこまい状態。そんな光景を見て体調が悪いあすかは、頭の中でこう呟きます。

「こんな光景見ちゃったら体調悪くても休めないよ……」

同僚のまいに話しかけられたあすかは、彼女がかもし出していた「空気」を感じとり、また職場の状況を目にしたことで「もし会社を休んだら、私も同じように陰で言われてしまうのだろうな……」と、あたかも自分が陰で悪口を言われているかのように、その場を疑似体験します。そして、その疑似体験は強烈にあすかの脳へとプログラミングされてしまいます。あなたにも似たような経験があるのではないでしょうか。

## 第1の視点～自分の価値観を認識する

### ①過去の嫌な記憶が作りだす強固な価値観

「会社を休みたいのに休めない」状況をより深く理解するために、「価値観」について説明したいと思います。

一般的に「価値観とは何か」と聞かれたらどう答えるでしょう？　辞書を引くと「物事を評価する際に基準とする何にどういう価値を認めるかという判断」と書いてあります。たとえば、法律という基準を考えてみましょう。法律とはある意味、善悪の判断基準になりますが、「法律は価値観」とは言いませんよね。

価値観という言葉には、「すべての人に共通して大切なもの」みたいなイメージが少なからずありますが、これは完全に間違っています。価値観とは、「人それぞれ違った、**極めて個人的な判断の基準**」です。

たとえば、あなたが友人と話をしていて一向に噛みあいません。最後には「価値観の相違だね！」と喧嘩別れになってしまった。しかし、あなたの価値観と友人の価値観は違って当たり前なのです。なぜなら、あなたの価値観のベースとなるものは、あなた自身の過去の体験、つまりあなた自身の過去の記憶だからです。一方で、友人の価値判断のベースは、これまで友人が生きてきた友人自身の過去の体験がベースになっています。

**それぞれ生きてきた背景や体験が違うのだから、基本的に価値観は他人と違うのが当たり前**ということを頭に入れておくべきかと思います。

## ②価値観はどうできあがっていくか？

あなたはさまざまな体験を通じて、あなた独自の価値観を作り上げていきます。

たとえばこんな言葉に反応していませんか？「一生懸命働かなければ偉くなれない」「よい大学を出ないとよい会社に入れない」「よい会社に入らないと不幸になる」「会社の言うことに従わないと人生がダメになる」「上司の言うことは絶対だ」「人に迷惑をかけてはいけない」「1位を取らなければ意味がない」「友人こそがいちばん大事」「金儲けは汚いことだ」「病気になるのは気合いが足らないからだ」「会社は一生勤めるものだ」「出世しなければ働く意味がない」そして「辛くても自分だけ休んではいけない」…………。

いまざっと挙げた言葉の中でも、あなたの価値観にヒットするものが結構あるのではないでしょうか？　人はあたかもパソコンに情報を入力するかのように、脳という無限ハードディスクにあらゆる体験情報をインストールしていきます。そして、その入力された情報＝記憶をまとめあげて、潜在意識というＯＳがあなたを操作していくのです。しかも、すべて自動インストール、自動オペレーションです。それらは無意識に行われるため、制御不能です。

無意識に行われるということは、「それが正しいかどうか疑う」という発想さえ浮かんでこないということでもあります。「価値観に縛られて生きている」という状況にさえ気付いてもいません。とどのつまりは、**その価値観が正しいのか、間違っているのか、時代に合っているのかもわからず、無意識に価値観に従い、なすがままに生きているのが人間だということです。**

「この価値観だけは譲れないね！」

あなたもこんな気持ちになったことがありますよね。いまできあがっているあなたの価値観は、ある意味あなたがこれまで生きてきた「証」なわけです。だから、そんな簡単には譲れないのです。

しかも、この価値観から導き出される一連の思考、行動、身体感覚はすべて潜在意識による自動オペレーションです。つまり、自分で意識して考えているようで、実はほとんど潜在意識に無意識に操られているに等しい。こうして、あなたは年月を重ねるごとに、強固な価値観にがんじがらめに縛られ、身動きが取れなくなっていきます。

### ③あなたの仕事への価値観を見つけるワーク

ここで、またワークをやってみましょう。今度は、あなたが「仕事をするうえで大事だと思っていること」を思いつくまま、できるだけ多く紙に書き出してみてください。

**仕事をするうえで大事だと思っていること**

- 仕事は何より重要だ
- 人に迷惑をかけてはいけない
- 会社での頑張りが人生を豊かにする
- 体調を崩すのは気合いが足らないからだ
- ちょっとしたことで休む奴は責任感がない奴だ
- 出世して偉くなるためには、休んではいけない

・誰よりも頑張った人間が報われる
・社会に出たら協調性がいちばん重要だ

このワークの目的はあなたの仕事に対する「価値観」を表面化することにあります。あなたが働くうえで重要と思っている価値観はどのようなものでしたか？　いま私が書き出したことと比べてどうでしたか？　いまあなたが書き出した仕事に対する価値観は、**あなたが休みを取るうえで最大の障壁になります。**

前章の第3の視点で「心のざわつく感覚」を書き出すワークを行いました。そのときのワークの目的は、あなたが休暇届を出そうとしたときに感じ取る嫌な思考を書き出し、表面化することにありました。おそらく今回のワークで、あなたが書き出した仕事に対する価値観も、それと同じような傾向のものが書き出されていると思います。

もうおわかりかと思いますが、体調が悪くても休めない理由の根底は、あなたが長い年月をかけて築きあげた価値観にあります。価値観が無意識に刷り込まれてしまうことは前に述べたとおりです。これは何を意味するかというと、**自分が気付かないレベルで勝手に思考し、身体が反応しているということです。**それに抵抗することは困難が伴います。

# 第2の視点～潜在意識の存在を知る

## ①会社を休むのを止めるもうひとりのあなた

ここで「潜在意識」という概念について掘り下げる必要があります。「休めないあなた」を理解するうえで、どうしてもこの「潜在意識の存在」を頭に入れておかなくてはなりません。

私たちの中には、どうも別人格の人間がいるようです。普段あなたは何かをしようとするとき、頭で考え行動します。たとえば、以前観た映画『ラ・ラ・ランド』のサウンドトラック盤を聴こうとCDをセットします。そしてスタートボタンを押し、いつものソファーに横たわります。ここまでは、あきらかに頭の中で意識して行っている行動です。そこからソファーに横たわった頃、オープニングの曲「Another Day of Sun」があなたの耳に飛び込んできます。すると、あなたの頭に中に先日観た『ラ・ラ・ランド』のオープニングシーンが映し出されます。さらに、ウキウキした気分になり身体がリズムをとりだしたりします。

さて、曲が流れてからの一連の反応は意識的に行ったものでしょうか？　さらに時間が経ち、ラストシーンの曲が流れてきます。あなたはこのとき、エンディングを思い出し、なんとも言えない気持ちになり、涙さえ浮かべたかもしれません。これはなんでしょう？

そうです、この一連の無意識に起こる身体の反応こそが潜在意識によるものです。曲が引き金となり、あなたの記憶の中にしまい込んである『ラ・ラ・ランド』の映像を潜在意識が引っぱり出し、ウキウキしたり、なんとも悲しい気持ちになったりという身体感覚を起こさせているのです。

「私たちの中には別人格の人間がいる」とは、頭の中で考え意識して行動するあなたと、無意識に行動したり、反応しているあなたというふたりのあなたがいるということです。

意識して行動しているあなたは、意識を変えれば行動を変えたりストップすることができます。しかし、無意識に行動＝反応しているあなたを変えることはたやすいことではありません。もちろん、この例では曲を止めてしまえば無意識に起こる反応は収まるでしょう。では次のような場合はどうでしょうか。

## ②ヘビー級の力を持ったもうひとりのあなた

たとえば月末で猫の手も借りたいほど忙しいとき。しかし、あなたはどうにも体調が悪くなり、耐えられそうにありません。仕方なく、早引きしようと上司に声をかけようとします。ここまでは意識的行動です。

ところが周りを見ると仕事に追われている同僚の姿が目に飛び込んできます。ちらっと目があった同僚の鈴木君は「お前、なにサボっているんだ、早く仕事に戻れよ！」と訴えかけています。部長を見るといつも以上に鬼の形相です。すると、あなたの身体になんとも嫌なざわついた感覚が生じます。「いま帰ると、あとでどう言われるかわからないぞ！このまま踏ん張って仕事したほうが安全だぞ！」というささやきと共に、さらに嫌な身体感覚が全身を覆います。この後半の一連の反応は、潜在意識がもたらしたものです。あなたは、この嫌な身体感覚を意思で跳ね返し、早引きできるでしょうか？

意識と潜在意識の力の比率は、ＮＬＰの第一人者、山崎啓支さんの著書『「体感イメージ」で願いをかなえる』（サンマーク文庫）によれば、意識が1に対して無意識が99という説もあれば、意識が1に対して無意識が2万という説もあります。たとえると、いま頭の中で意識して、早引きして帰ろうとしたあなたは、駆け出しのライト級四回戦ボクサー。

一方、早引きを止めるように嫌な身体感覚を引き起こした潜在意識のあなたは、世界へビー級のチャンピオン。「早引きできないのは単に意思が弱いからだ」という理由だけでは説明できない力の差があるのです。

改めて考えてみてください。今日1日の中で、どれだけあなたは意識的に行動していましたか？　思い返してみると、1日の大半を無意識に行動し、反応している自分に気付くはずです。たとえば、今日1日誰といちばん多く会話を交わしましたか？　同僚？　上司？　家族？　友人？

いや、おそらくいちばん会話を交わした相手は、あなたの中にいるもうひとりのあなたではないでしょうか。こうしているあいだも、あなたは頭の中で、もうひとりの自分自身と会話をしているはずです。これが無意識に行動し、反応しているということです。その相手が、圧倒的なパワーを誇る世界へビー級チャンピオンの潜在意識だということに気付かずに。

### ③なぜ潜在意識は逆方向に働くのか

「潜在意識」を辞書で引くと「**自覚されることなく、行動や考え方に影響を与える意識**」

とあります。たとえば、思い出してみてください。

・あなたがダイエットをしようと決断したとき、いちばんあなたのジャマをしたものはなんですか？
・あなたが朝早く起きようと決心したのに続けられなかった理由はなんですか？
・毎日運動しようと決めたのに続かなかったのはどうしてですか？
・禁煙しようと思ってもできなかったのはどうしてですか？
・毎日勉強しようと決めたのに挫折したのはなぜですか？
・今日は告白しようと決めたのに止めてしまったのはなぜですか？

そして

・調子が悪いのに休暇届を出せなかったのはなぜですか？

自分の意思でせっかくやろうとしたことが、ことごとく挫折で終わった経験は誰しもお持ちでしょう。その理由を思い出してみると実に興味深いことがわかります。これらに共通することは**「痛みを避け」「安心・安全を求め」**、結果的に**「現状を維持する」**ということです。

おいしいものを食べ続けたほうが楽なんです。早起きしないほうが楽なんです。運動しないほうが疲れないし楽なんです。たばこを吸ったほうが落ち着くんです。勉強は辛いんです、だから勉強しないほうが楽なんです。告白しなければ、フラれることから逃れられるんです。そして、休暇届を出さず働けば誰にも文句言われないし安全なんです。

そう、**すべてその瞬間だけを見ると**「痛みを避け」「安心・安全」に負けて挫折してしまっているのです。潜在意識はあなたの「痛みを避け」「安心・安全」を目的として、その方向にあなたをコントロールします。

しかし、ここに大きな問題が生じます。あくまでも潜在意識の「痛みを避け」「安心・安全」を求める力は**その一時のために発揮されている**という点です。それは長期的には、あなたの目標をことごとく失敗に導いていることになります。

ただし、潜在意識の本来の目的は、あなたの生命を維持することにあることは間違いありません。第1章で「幼い頃の火傷」の話をしましたが、潜在意識が最大に力を発揮するのはこういう場面です。「火傷をした」という生命にもかかわる事例を二度と起こさないように、あなたが熱いものに近づかないよう、無意識にコントロールします。他にも、高いところに登ったとき、恐怖心を起こさせ、端に行かないようにコントロールするなど、生命の危機にかかわるというとき、潜在意識は全力であなたを守りにかかります。

ここで理解していただきたいのは、潜在意識はあなた自身のものであり、あなたの生命を全力で守っているということは間違いありません。ただし、**「ダイエットや早起きの挫折」と、本当に生命にかかわる「火傷や高所」では、潜在意識のかかわり方が結果的に違ってくる**ということです。

## ④働くことを選択してしまう本当の理由

さて、体調の悪いあなたが回復のために休みを取ろうとしています。しかしなぜ、あなたの潜在意識はわざわざ嫌な身体感覚を起こし、会社を休もうとするのを阻止するのでしょうか？

その理由は、この時点では潜在意識があなた自身の体調の悪さよりも「職場における上司・同僚との関係」を維持するほうが重要だと判断しているからです。私の体験を例にとって説明します。

この本の前書きで私の体験として「お腹に腫瘍ができ、手術をした話」を書きました。

手術の結果を聞くまでのあいだ、私は完全に「死」を意識していました。そのとき、これまで悩んでいた嫌なできごと、辛いできごと、辛い人間関係、あれだけくよくよしていたことすべてを忘れ去っていました。つまり、死の前では、どんな嫌なできごとも思い出せないくらい些細なできごとになっていたのです。

それ以降、私は体調が悪くなったときは、何よりも回復を優先するようになりました。なぜなら、この入院・手術を経験したことで、私が体調を崩すと、たとえそれが軽度の風邪《かぜ》であっても、私の潜在意識は「生命を脅かす緊急事態」と結びつけるようになったからです。結果的に私の中に、軽度の体調不良であっても、それが自分の命を脅かす可能性があるから気を付けなければならないという価値観＝プログラムができあがったということです。

まとめましょう。あなたが上司に休暇届を出そうとしたとき、潜在意識が自分の体調よりも会社の上司・同僚との関係を優先したのはどうしてでしょう？ それは、過去にあなたが命にかかわるようなできごとに遭った体験・記憶がないからです。**だからあなたの潜在意識は、体調が悪化すると命にもかかわる可能性があることを引き出せないし、理解できないのです。**それよりも、日々職場で一緒に仕事をする上司同僚に否定されるほうがよほど身近で怖いから、それを避けようと全力で休みを阻止するのです。人は記憶を通してしか理解できないとはこのようなことです。

もちろん、休暇届を出したとたん、上司が怒り狂ってあなたに殴りかかってきたりすれば、あなたの潜在意識はあなたの生命を守るために全力でガードするはずです。相手に殴られるということが、自分の生命にとっていかに危険だということは、殴られた経験がなくても、テレビや映画、または友人が殴られて痛い目に遭ったのを見て、自分の記憶として保存してあるからです。

しかし、風邪を引いたり、体調が悪いことで命を失いかけたという経験は意外としていないものです。だから、休暇届を出すことに関するあなたの嫌な記憶＝価値観が強固であればあるほど、休暇届を出すという行為に対して、潜在意識は強力なパワーで止めにかかります。

もう一度言います。潜在意識のパワーは世界ヘビー級チャンピオンをも超える圧倒的な強さを誇っているのです。駆け出しライト級四回戦のあなたの意思では、そう簡単には太刀打ちできないということです。だから、思っているよりも会社を休むことはとっても難しいのです。

# 第3の視点〜なぜいま、休みを取らなければならないのか？

## ①メカニズムを意識することが第一歩

体調がすぐれない。熱がある。身体が疲れて辛い。精神的に参っている。ストレスに潰されそうだ。これらは、いまこの時点で、あなたの潜在意識から発信される「あなた自身の生命を維持するためのシグナル」です。それによってあなたは、会社を休むことを意識します。

ところが、身体を回復するために会社を休もうと意識し、上司に連絡しようと思い立った次の瞬間、さらに強力なシグナルがあなたを支配します。それが「会社を休むと面倒臭いことになる」というシグナルです。そのシグナルは先ほど発せられたものより強力な力で会社を休もうとしたあなたにささやきます。「いいのかい？　会社を休むと上司に文句を言われ、評価を下げられるぞ」と。

1日会社を休めば回復するのに、あとから出てきた潜在意識の力に負けて、無理して頑張ってしまう。結果、喉が痛かっただけだったのが、本格的に風邪を引き、身体全体に痛みが走るようになります。そして、どうにもならなくなり結局3日間休んでしまったなんてこともありえます。

熱が38度以上あるとか、あきらかに症状が出ているものはわかりやすいのですが、単にだるいとか、疲れが取れないなど、ある程度我慢ができてしまうものは逆にやっかいです。少し胃が痛むけど大丈夫だと考え、無理してしまう。下痢が続いていてもいつものことだと我慢してしまう。頭痛が続くけど、そのうち治るだろうと我慢してしまう。

実は、こうしたなにげない身体の不調は、あなたの気付かないところで雪だるま式に症状を悪化させている可能性があります。そして、本当に症状が出たときには、命にかかわるような一大事になるおそれがあります。

## ②現状を徹底的に保とうとする潜在意識の落とし穴

ここでも、通常では理解しがたい潜在意識の力が働いています。それは、なんとなく疲れが取れないけど頑張ってしまう。胃が痛むけど何とか耐えられるから我慢してしまう。このような我慢を続けていると、潜在意識が方向を変えてこの我慢をすることが正しいことだとコントロールし始めるようになるのです。

「そんなバカな」と思われるかもしれませんが、潜在意識が間違った方向に向かいだすと、そこから抜けだなくなってしまう非常にまずい状況なります。

たとえば、ブラック企業などで過労死ラインをも超えて働いて、フラフラなのに、それでも会社に向かう人たちについて見聞きしたことがあるかと思います。第三者として外から見れば、どうして辞めないいんだろうと思いますよね。

しかし、当事者にとっては、あの過酷な労働条件で働き続けることが、潜在意識的に正しい（居心地がよい）という異常な状況にまでなってしまっています。ここまでの状況になった人は、この異常な状況さえ脱することが怖くなるのです。

つまり、潜在意識の目的が、この過酷な状況を我慢するあなたを全力でサポートすることにすり替わってしまっているのです。しかも、これらはすべて無意識に行われているため、気付かないうちに身体が反応してしまっています。仮に家族や同僚から「最近顔色悪いよ、疲れていない？」「働きすぎじゃない？」と指摘されても、自分でも状況が理解できません。

潜在意識の力はあなたの意思、つまり、意識の2万倍以上とも言われるその強さがあることを思い出してみてください。ひとたびこのような状況に追い込まれてしまったら、逃げ出すことがいかに困難か、少しでもご理解いただきたいと思います。

ここで重要なのは、こうしたメカニズムを**「あえて」**意識することです。おそらくあなたもこれに似たような状況を経験しているはずです。頭の中でこのようなことが起きていると認識するだけでも、かなりの効果があります。詳しくは、次章以降、解説させていただきます。

## この章のまとめ

- 膨大な「過去の記憶」のひとつひとつが現在のあなたの価値観を作り上げている
- 価値観とは、人それぞれ異なる極めて個人的な価値判断の基準のこと
- 体験が自動インストールされることで価値観は形成されていく
- 自分の価値観が正しいか、間違っているか、時代に合っているかという疑問さえも浮かばないほど、無意識のうちに価値観に縛られて生きている
- 無意識化された価値観に逆らうことは超困難
- あなたが持っている仕事に関する価値観が休みを取るうえでの障壁になっている
- 潜在意識はいま目の前の心地よさを維持しようとする
- 潜在意識はあなたを守っている。しかし、使う方向が間違っている
- 命の危機を感じたことがないあなたは、体調の悪さの本当の怖さを理解できない

# 第3章

# 休むことの意味を考える

## 第1の視点～休むことの意味を知る

### ①そのひと我慢が命取り

水道の蛇口から水がポタポタと落ちている状況を想像してみてください。その下にはコップがあります。水道から漏れている水滴が、コップの中にひと粒ひと粒落ちていきます。最初はからっぽですが、1時間も経つとコップはいっぱいになっています。

この蛇口から落ちる水滴のひと粒ひと粒を肉体的疲労や精神的疲労であると想像してみてください。コップはあなたの身体です。人によっては、大きなコップかもしれません。一方であなたのコップはとても小さいかもしれません。その大きさは人それぞれであり、比べることはできません。最初はあなたの身体も十分に、疲れという水滴を受け入れることができます。ところが知らないうちに、あなたのコップは満タンになり、あふれ出してしまいます。そして、取り返しのつかない状況になってしまうのです。

そうならないようにするにはどうしたらいいのか？　蛇口をしっかり締め、コップにたまった水を空にするしかないのです。

疲れやストレスを一時遮断し、同時にあなたの身体の中にたまった疲れやストレスを、早い時期に開放しなければなりません。これが、休養を取るということです。

## ②３つの休息

「休息」には主に3種類あります。

### (1)身体を休め回復するための休息

主に肉体的な疲れを回復するための休みにあたります。働きすぎた肉体的な辛さを回復するための休みです。病気や怪我をしてしまい、その治療と回復を目的とした休みもこれにあたります。

### (2)ストレスなど精神的な疲れを開放し回復するための休息

日々の精神的なストレスからくる疲れを軽減し回復するための休みをいいます。こちらは人によってかなりその耐性に差異があるため、その判断が非常に難しいという問題を抱えています。それに、風邪などと違って、熱が出たりというはっきりとした症状が出ないので非常にやっかいです。

## （3）自分の時間を取り戻すための休息

心身ともに問題はないけれど、日々の仕事から離れ、自分のための時間を作り、好きなことをするための休みです。日ごろできなかったことをしたり、平日にしか行けないところへ行ったり、自己啓発に励んだりして自分を磨くための休みです。

ここで考えてもらいたいのは、とくに（1）（2）において、どのレベルであなたは休みを取るかということです。たとえば（1）の体調を崩して休む場合、どの程度の体調の崩し方で会社を休む判断をしているかということ。（2）の精神的な休みであれば、どの程度ストレスを感じた時点で休みを取るかという見極めです。

ここで実に興味深いデータをお見せしたいと思います。ウェザーニューズ社による風邪に関するインターネットでの調査結果です。

これを見ると半数近くの人が、38度以上熱がないと会社や学校を休まないということがわかります。38度以上および39度以上で休んだと回答した全体のうち45％の人たちは、37

度9分の熱があっても我慢して会社へ行っているというのです。日本人がどれだけ「無理をして頑張り続けることが美徳」という価値観に縛られて生きているかがよくわかるデータではないでしょうか。

まずは、あなたがこのような状態になったとき、自分にもこのような価値観があるかもしれないということを意識してみてください。その価値観の存在を表面に引っぱり出すだけでも、客観的に状況を判断できる可能性が高まりますので。

何度の熱が出たら仕事・学校を休むか

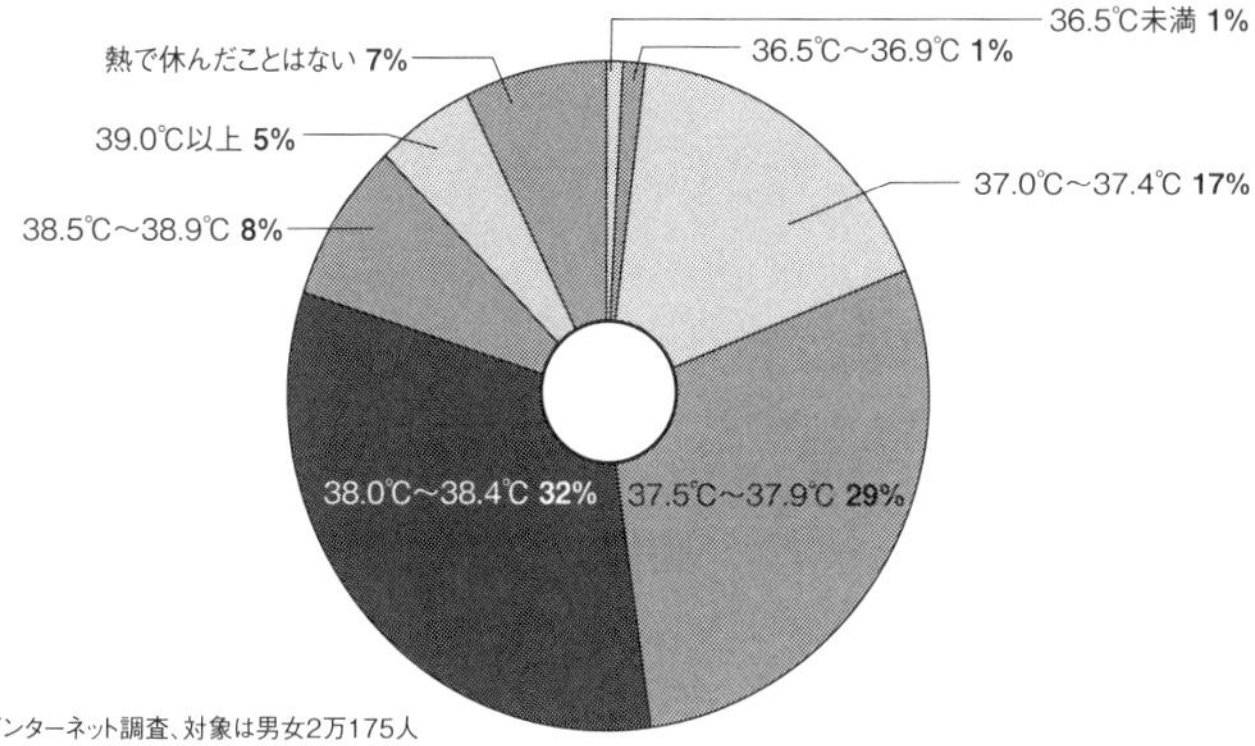


※インターネット調査、対象は男女2万175人

NIKKEI STYLE『風邪でも会社休みにくい？　「出勤は美徳」「自分は必要」』
https://style.nikkei.com/article/DGXDZO38345140X20C12A1W14000/

## ③「休むこと」は「戦力回復」である

『自衛隊元最高幹部が教える　経営学では学べない戦略の本質』（折木良一著、KADOKAWA）に、意外なことが書かれていたので紹介します。なぜ私が意外だと思ったかというと、自衛隊という組織の訓練の考え方に、「休むこと」の重要性が述べられていたからです。

最近ではあまり聞かなくなりましたが「軍隊式研修」と称して、社員を肉体的・精神的に追い込んで鍛えるという研修を取り入れる企業が結構ありました。しかしここには精神や肉体を追い込むような「軍隊式訓練」と真逆のことが書かれていました。

折木さんの著書によれば、自衛隊では「休むこと」を「戦力回復」と呼び、戦略の成功確率を上げるために欠かせない要素として「休息」を捉えているといいます。

自衛隊に限らず世界中の軍隊は、「人は疲労し、疲労が人のパフォーマンスを低下させる」ことを前提として日常的に訓練を行っています。とくに睡眠時間の長さはパフォーマンスに大きな影響を与えることがペンシルバニア大学とワシントン大学の研究でも明らかになっており、組織の能力を低下させずに厳しい任務を継続させるため、隊員が相互でローテーションを組むなど、適度に休息が与えられているようです。

自衛隊は阪神淡路大震災、東日本大震災などといった平成時代以降の支援活動などから教訓を得ながら、隊員の疲労の蓄積レベルのコントロール、メンタルヘルスのケアに取り組むなど、「休む」という視点を欠かさない組織になりつつあるといいます。

私はこの本を読んで「軍隊式」に対する思い込みが多少外れました。わけのわからない研修会社が「軍隊式研修」と称して行っている研修は、単に人を心身ともに追い込み疲弊させるだけのものであること。そして、その最終目的は、会社への洗脳的な忠誠心を作り上げることに他ならないと改めて感じました。

これは、社員の潜在意識に恐怖心を植え込み、逃げられなくなるという仕組みです。万が一、このような研修を行う会社に入社してしまった場合は、潜在意識に恐怖を植え込まれる前に、即座に退社すべきでしょう。このような洗脳を受けてからでは、潜在意識が現状を維持する方向で、辞めるに辞められない心理状態に陥り、しかも抜けだすことができなくなります。こうした、人を追い詰めることを目的とした「軍隊式研修」を現在進行形の形で行っているのがブラック企業ということです。

話を戻しましょう。自衛隊元最高幹部であった折木良一さんが確立した最も人間の能力を上げる訓練のひとつが「戦力回復」であり、つまり「休むこと」なのです。ちなみに、この方は映画『シン・ゴジラ』に登場する統幕長のモデルともされる伝説の自衛官だそうです。

## ④なんのために働いているのか？

「戦力回復のための休息」。ただし、ここにも勘違いをしがちな点があります。あなたにとって、働く本当の目的とは何かということです。たしかに仕事を中心に生活が回っている以上、仕事をするために休息を取ること、つまり、仕事のために身体を調整することは、ある意味正しいかと思います。

しかし、究極的に考えるべき問いは、「あなたは、その仕事をするために生まれてきたのですか？」ということです。こちらは最終章に向けておいおい展開していこうと思いますが、いまこの段階では、次の質問にとどめておこうと思います。

**「あなたにとって、働く本当の目的はなんですか？」**

これを考えながら、この本を読み進んでいただけると、なんらかの答えが見えるかもしれません。できれば1日1回、就寝前にでもこの問いをもうひとりのあなた（潜在意識）

に問いかけてから、寝ることをお勧めします。

コツは、毎日、寝る前にこの問いを自分に投げかけるだけです。自分で答えを出す必要はありません。ただただ「私にとって、働く本当の目的は何だろう?」と問いかけるだけで結構です。もうひとりのあなた、つまり、圧倒的なパワーを持ったあなたの潜在意識が寝ているあいだにフルパワーで答え探しをしてくれるはずです。

## 第2の視点～仕事優先の自分の価値観を疑う

### ①それでも「体力回復」より現状維持をとってしまうあなた

冷静に考えると「熱がある、精神的に辛い」「休まなければもっと辛くなる」ことはわかっている。まだ回復力がある初期段階では、この意識がまだ働いています。つまり「熱がある、精神的に辛い」ということや、あきらかにあなたの身体が悲鳴を上げているということに気付いてはいるのです。この時点では、確実にあなたの身体を休めなければならないというシグナルを感じているのです。

ところが、いざ会社に「休みたい」という連絡を入れようと考えた瞬間、「いや、やっぱり今日は休めないな。休んだら会社に何言われるかわからない。だから、会社へ行ったほうが安全だ」というプログラムが起動して、潜在意識にあなたは乗っ取られてしまいます。どれだけ潜在意識の力が強いか、あなたも自分の体験から理解できるでしょう。

第2章でも触れましたが、本当に怖いのはこれからです。潜在意識に引っ張られ、無理をしてでも頑張って働いたあなたは、無理をすることが当たり前になります。そして、働き続けるうちに、どこかで限界点が来るわけです。そんなことを繰り返していると、いつしか命をも落としかねない取り返しのつかない状況になることも十分にあるわけです。

その頃には完全に判断能力もなくなり、単に会社へ行き、働くことが自分を維持する最大の目的になってしまいます。そうなる前になんとしても、この連鎖を止めなければならないのです。

## ②疲れていても仕事から離れられなくなる心理

以前テレビでブラック企業特集を見たことがあります。某飲食店のアルバイトの方が、店長からの恐喝まがいのパワハラ、賃金の未払い、商品買い取りといった横暴を受けながら、1日12時間休みなく4か月働き続けていました。

証拠の音源も公開されており、そこまで言うかというくらいの暴言が残されています。当然、このアルバイトの方もこの職場はおかしいなと思い、何度か辞めようとしたそうです。しかし度重なる恐喝まがいのパワハラに恐怖を感じ、次第に追い詰められていったようです。

私もこの特集を観たとき、恐喝まがいのパワハラのひどさに怒りを感じながらこう思いました。「こんな職場、早く辞めればよかったのに……」と。

しかし、彼は、どうしても辞めることができなかったのです。「なぜ辞めなかったのか」という質問に対して、最終的に彼はこのような答えています。

『店長の言動に恐怖を覚えていたけれど、**人手は足りてないし、お店が回らないと困るし、自分がやらなきゃいけないと思った**』と。

ここまでこの本にお付き合いいただいたあなたは、彼が辞めることができなかった本当の理由に気付かれたと思います。つまり、彼のいわゆる責任感が、こんな状況でさえ辞めることにストップをかけたのです。ここまで来ると責任感という言葉を遥かに超えた何かを感じませんか？

そうです、**この責任感とは、彼の価値観＝プログラムから潜在意識が生み出した身体的反応のひとつです**。このアルバイトの方だけでなく、あなたも含めほとんどの日本人は次のような価値観＝プログラムを組み込まれてしまっています。

・一生懸命に働かない奴はダメな奴だ
・途中で投げ出すような奴はクズだ

・苦しさを乗り越えてこそ立派な人間になる
・他人に迷惑をかけてはいけない

価値観＝プログラムとは、生まれてからこれまでの体験や情報記憶の集積であり、すべて潜在意識によって自動的に組み込まれたものです。おそらく彼はこれまでの人生を通じて、このようなプログラムを身に着け、これを無意識に価値判断として生きてきたのでしょう。

本来その目的は、生命を維持するためのものですが、いまこの瞬間（店で働いているあいだ）においては、彼がいまいちばん強く持っている価値観を維持するために潜在意識は全力を注ぎこみます。つまり彼がインタビューで答えた「人手は足りてないし、お店が回らないと困るし、自分がやらなきゃいけないと思った」という判断基準のベースになっている価値観を維持するために。

人間性を否定され、「殺すぞ」とまで言われ続け、精神的には相当つらい思いをしたことでしょう。それでも「自分がやらないと店が回らない」と働き続けてしまう。これほどまでに価値観＝プログラムを維持する潜在意識の力は強いということです。だから、単なる責任感という一言で片づけられる問題ではないのです。価値観から生まれたこの責任感という反応を操る潜在意識の存在を無視して、当事者である彼の心理状態を理解することはできません。

これはある意味、彼にしか理解できない、いや、彼自身でさえも理解できない中で、起こったできごとだということです。これこそが無意識＝潜在意識の力です。無意識に反応してしまっているからこそ、抵抗することもできないのです。このようなことは、あなたにも当然に起こりえます。

## ③会社を休むと迷惑をかけてしまうという価値観

会社を休もうと思ったときに真っ先に浮かぶことのひとつに「会社を休むと周りの人に迷惑をかけてしまう」という価値観＝プログラムがあります。先ほどのアルバイトの方も、この価値観にがんじがらめに縛られて逃げるに逃げられませんでした。

こうした話題では、多くの人が「責任感」について語りだします。まるで、会社を休むことが仕事を放棄して逃げるかのように言う人もいます。しかし、はたして本当に迷惑をかけてしまうのでしょうか？　たしかに一時的には、その仕事は誰かの負担になるかとは思います。しかし、それが「責任感のない人間だ」という思考にすぐに結びついてしまうのは、正解なのでしょうか？

いま、目の前に仕事があります。たしかにあなたは責任を持ってこの仕事を任せられ、仕事に向き合っています。しかし、体調が良くありません。ストレスも相当感じています。そんな状態で、いま無理をしてその状況を乗り越えてしまうと、体調の悪さを上回る力で、潜在意識が「働き続ける」方向で維持されます。何度も言いますが、あなたはこの力に気付くことはできません。なすがままに、働き続ける方向で身体が反応していきます。

会社の仕事は組織で行うものです。決してひとりではできないし、逆にひとりでやろうとしても組織はうまく回らなくなります。つまり、あなたは、組織の一員として役割を果たすわけです。「自分は会社の歯車の一部」と否定的にとらえる方もいますが、それが組織で働くということです。自動車でもなんでも、無数の重要なパーツで構成されています。そのパーツひとつが調子悪くなれば、故障してしまうわけです。自動車であればそのパーツの交換が行われるでしょう。交換せずに走らせるわけにはいきません。

会社であっても、体調の悪い社員がいれば、当然にそれをフォローするのが組織というものです。ここで重要なのは、あなたは重要な歯車の一部の役割をこなしますが、物理的なパーツそのものではないということです。体調が悪く役割を果たせない状況であれば数日でも休みを取って回復すべきです。そして、回復後改めて責任を果たせばいいわけです。

あえて「責任」という言葉を用いるならこういうことです。

・あなたの体調が悪ければ、まずは回復に努める責任がある
・あなたには、体調を回復し、通常のパフォーマンスに戻す責任がある
・会社はあなたが休んでいるあいだ、あなたの仕事をフォローする責任がある
・会社には、あなたの健康を維持し、安全に働く場を提供する責任（義務）がある

あなたは、経営者ではありません。ましてや、会社の奴隷でもありません。ひとりの人間として、あなたは、あなた自身の人生を歩むためにこの世に生まれてきているのです。体調が悪いのに周りに気を使って「会社を休むと迷惑をかけてしまう」などという価値観など、いち早く脳から消去すべく、これから話を進めていきましょう。たかが数日、あなたが会社を休むくらいで、文句を言われたり、がたつくような組織であれば、そんな会社の先は長くないと思ってください。そのような会社には見切りをつけるくらいの気持ちを持ちましょう。

## 第3の視点〜会社から認められたいという承認欲求

### ①出世したい自分との格闘

あなたが会社を休もうと決心したときにストップをかける価値観のひとつに、会社を休むと「会社や上司、同僚から自分が排除される」という危機感を伴ったものがあります。

ここでまたワークをやってみましょう。次のような状況で、あなたがいま思う会社を休んではいけない理由を思いつくまま書き出してみてください。このワークの目的は、これから書き出していただく「休んではいけない理由」から、その理由の本質を見極めることです。それではどうぞ。

**設定状況**

「朝起きたら身体がだるい。体温を測ると37度5分。微妙な体温だ。会社へ行くのは辛いな。でも、根性出して会社へいくか……なぜなら……」

・会社に迷惑がかかるから
・同僚に嫌な目で見られるから
・会社の評価に響くから
・上司に嫌味を言われるから
・どうしてもやらなければならない仕事があるから
・自分しかできない仕事があるから

たくさん出ましたね。この書き出した理由に共通点があることがわかりますか？　それは、**会社、上司、同僚に認められたいという「承認欲求」**です。

しかし、「会社に迷惑がかかるとか、評価に響く」というのはわかるけど、「やらなければならない仕事があるとか、自分にしかできない仕事があるから」という理由がなぜ「承認欲求」と結びつくのでしょうか。

「どうしてもやらなければならない仕事があるから」「自分にしかできない仕事があるから」と答えたあなたは、この仕事は自分にしかできないと、常日頃、無意識的に他人にアピールして仕事をしていませんか？

「この仕事は私にしかできない」「私がいなくなったらこの事業は終わりだ」といったプライドを持っている方がどの会社にもいます。とんでもありません、残念ながら、あなたがいなくなっても翌日から会社はなんの支障もなく回ります。間違いありません。

数年前、アップル社のスティーブ・ジョブズ氏が亡くなりました。しかし、アップル社は翌日からなんのことなく経営を続けています。ましてやあなたは、スティーブ・ジョブズ氏ではありません。あなたがリタイアしても会社はなんの支障もなく回っていきます。

ここは非常に大事なところなので、どうか自分に折り合いをつけてください。結局はこのプライドも価値観＝プログラムのひとつです。あなたの中に「自分しかできない＝認められたい」という過剰な価値観が、このようなプライドという形で身体反応が出てきているに過ぎないわけです。つまりこれは、この仕事をやっているのは自分であると認められたいという裏返しです。

ここで改めて認識してもらいたいことは、**いま書き出した理由に自分自身の身体を守る理由がひとつもないということです。**

風邪を引いたり、少し精神的に参っている程度の状態では、ほとんどの人は、生命の危険を認識するまでの一大事ととらえることはできません。だから、体調の悪さよりも「他人から認められたい」という承認欲求のほうが遥かに強い力であなたを支配します。会社において「認められる」ことは「出世をすること」と密接に結びついています。逆にいえば、会社や上司、同僚から「認められない」ということは「出世をすること」から外れるということでもあります。

社会に出ていちばんの関心事は何か？　と聞かれると少なからぬ人たちが「出世して偉くなりたい」と答えます。では「出世して偉くなる」とはいったい何でしょう？　出世すると人間の価値が上がるのでしょうか？

数年前に『半沢直樹』というドラマがありました。ご存知のようにサラリーマンの出世競争・権力争いをドロドロに描いて大ヒットしたものです。

たしかにドラマとしては非常に面白かったのですが、私的にはどうしてそこまで出世・権力にこだわるのかがわからない面もありました。主人公・半沢直樹が、会社の黒幕である権力者・大和田常務を失脚に追い込み、過去の恨みを晴らすというのがおおまかなストーリーでしたが、半沢が大和田常務を蹴落として「倍返し」したところで、勝った半沢も結局心の中は満たされないのです。大和田常務しかり、権力を握って君臨していた全盛期の頃、本当に幸せを感じていたかは疑問です。

つまるところ、**承認欲求が他者との比較で成り立っているうちは、社長になろうが、独裁者になろうが、永遠に心は満たされないということです。**この辺りはベストセラーにもなった『嫌われる勇気』（岸見一郎・古賀史健著、ダイヤモンド社）をお読みいただければ理解が深まるかと思います。

さて多くの方が、「承認欲求」の象徴である出世にとらわれるばかりに、本来の生き方を見失ってしまっているように思います。これも結局、過去の刷り込みからできあがった価値観からの反応です。

出世というものは非常にあやふやなものです。あきらかにそりの合わない上司のもとに配属されただけで、その可能性が低くなります。そんな主観的なことに振り回され一喜一憂する中で、ストレスで体調を崩す人たちがあとを絶ちません。

いまこそ、「社会に出たら出世して偉くなりなさい」という刷り込みからできあがったあなたの価値観と向き合ってみてはいかがでしょうか？　なぜなら、この価値観が、体調が悪くても休みが取ないあなたを作りだしている大きな要素であることは間違いないからです。『半沢直樹』に一喜一憂していたあなたは、間違いなくこの価値観に支配されているはずです。

## ②ある年老いた人々についての話

元横浜国立大学准教授・堀之内高久さんと経営コンサルタントの神田昌典さんとの対談の中での、介護施設での体験談話が大変興味深かったので、その要約をご紹介したいと思います。

以前、堀之内さんが介護施設でセラピーを行っていたときの話です。そこで堀之内さんは、多くの人の最期を看取りました。亡くなった方の中には有名企業の取締役や事業で大成功した方で、家族に見放された方も多くいたそうです。その人たちが亡くなるまでの数年間セラピーをする中で、ほとんどの方が過去の栄光を話し、現在や過去の状況に対するうらみつらみを語り、そのまま亡くなっていったといいます。そのような場面に立ち会ってきた堀之内さんは、こう思ったそうです。**「この人たちの人生はなんだったのかと。成功とは何なのか」と。**

この対談の録音を聞き返すたびに「出世して偉くなる」ことの意味について考えさせられます。

先日、ある人気レストランのビュッフェに行ったとき、ある年配の方が大声で店員に文句を言っていました。身なりからしてきっと、会社在職時はそれなりのポジションにいた方なのでしょう。その年配の方はそこがまるで自分の会社であるかのように「段取りが悪い！　どれだけ客を待たせるんだ！」と大声で怒鳴り始めたのです。私はその方を見て、この介護施設での話を思い出しました。

この大声でクレームをつけた年配の方は、退職後もいまだに会社員だった頃の価値観に支配されているのではないでしょうか。会社の外に一歩出たら、取締役だろうがなんだろうが、ただの人です。この価値観が過去の遺物であり、会社を退職したいまはまったく役に立たないということを理解するまで、この年配は周囲に怒りをぶつけ、逆に周囲からバカにされる人生を送ることになります。

古い価値観を引きずってしまっていると気付くことさえできていません。それは、**この年配の方の潜在意識が、過去の会社でのポジションの居心地のよさを覚えており、そこから離れることに強烈な恐怖を感じているためです。**結果、現実の自分を受け入れることができないのでしょう。

出世することでそうした末路を辿るとは必ずしも限りませんが、「人生100年」といわれる時代に、会社に縛られた生き方を送ったことで退職後30年から40年ものあいだ、こんな古い価値観に縛られて生きることは、人生において本当に大きな損失だと言わざるをえません。そろそろ私たちは「出世して偉くなる」という呪縛から解き放たれなければならないときが来ていると思います。

## ⑤過去との記憶・価値観と折り合いをつける

過去の記憶の積み重ねがあなたの価値観＝プログラムを作り上げる。そして、あなたはそのプログラムに強烈に縛り上げられていることが少しでもご理解いただけたでしょうか。熱がある、疲れが取れない、精神的に参っている、それでも会社に休みを出そうとすると嫌な気持ちになって休むのをためらってしまう。本章冒頭のコップの例を思い出してみましょう。あなたが、休むのをとまどっているうちに、どんどん負の要素が蓄積されていきます。どうしたらいいのでしょうか。

まず、この超強力なプログラムの存在を認識しましょう。これまで、あなたはこのような仕組みさえ意識したことはないかもしれません。しかし幸運なことに、あなたはいまこの価値観＝プログラムの存在を意識し、その存在を認めるところまで来ています。おそらくこれから生きていく中でもさまざまなプログラムに行く手を阻まれることでしょう。でも、あなたはその存在を認識しました。これは非常に大きなことです。これらのプログラムとどう折り合いをつけていくかがあなたの人生なのです。

過度なプライドが健康障害やストレスを抱えたり、周りの人たちに悪影響を与えてしまうこともあります。どうか冷静に自分を見つめてみることが重要だと思います。無理をして取り返しにつかないことになったとしましょう。それでも会社はなんのことなく経営を続けます。あれだけ会社に尽くしたあなたでも、会社はあなたの命は守ってくれません。**「仕事をする人の代わりはいくらでもいるけれど、自分の代わりは自分しかいない」**のです。あなたの人生において、何がいちばん大切なのか、一度冷静に考えてみる必要があるのではないでしょうか。

## この章のまとめ

・「休息」には主に3つの種類がある
・潜在意識の現状維持機能に気付く
・「責任感」は価値観＝プログラムから生じた身体的反応に過ぎない
・休むことで会社に迷惑はかからない
・あなたの仕事へのプライドは「認められたい」という気持ちからくるもの
・「出世」にとらわれることで本来の生き方を見失ってしまう
・仕事をする人の代わりはいるが、あなたの代わりはいない
・無意識に稼働していた「価値観」を引っぱり出し、認識することが第一歩

# 第4章

# 会社を休めないあなたから、休めるあなたになる

# 自分の「意思」で向き合う

これまで価値観＝プログラムと潜在意識の話をしてきました。あなたの脳に刷り込まれている価値観をベースに潜在意識が、会社を休もうとすることを、無意識的に止めにかかるメカニズムをご理解いただけたでしょうか？

さて、これからは自分の意思で、会社を休むことにストップをかける価値観と向き合っていきます。ここで私が「意志」ではなく「意思」と表記しているのは、気持ちではなく思考を大切にして問題と向き合っていただきたいという意図によります。

何度も言います。価値観＝プログラムとはあなたの過去の記憶の現時点における集大成です。そこでまず、「自分の価値観が正しいものなのか？」「いまでもその価値観を持ち続けることが役に立つものなのか？」という問いを持つことが重要です。そして、その問いから導き出された価値観の不要な部分を探し出し、見直すことが、新しい行動への第一歩となります。そのためには、自分の価値観をさらに別角度で見て理解し、結果、その不要部分と向き合うことがこの章の目標になります。

## 第1ムーブメント〜「休めなくなった」プロセスを確認する

### ①自分のルーツを知るためのワーク

ここではこれまでとは別角度で、あなたの価値観＝プログラムとは何かをより深く探りたいと思います。そこで、より大きな視点で理解していただくために、自分のルーツを理解するためのワークを行いましょう。ここでの目的は、価値観がいかに無意識に形成され、あなたを作り上げているかを認識することです。次に設定した状況を、自分のできごととして考え、想像してみてください。設定状況を十分にイメージしたのちに、いくつかの質問に答えてください。

**設定**

あなたは日本の両親のもとで生まれた生粋の日本人です。ところが事情があり、生まれて間もなく、アメリカ人の夫婦のもとに養子としてもらわれていきました。アメリカに連れて行かれたあなたは、アメリカ人の夫婦の下で、20歳になるまで育てられました。アメリカ人夫婦は生粋のアメリカ人であり、日本の文化も知らないし、日本語を一切話すことができません。あなたは物心がつく前から成人になるまでアメリカ社会のなかで育ちました。当然、学校も友人もみんなアメリカで出会った人ばかりです。

**質問**

（1）あなたは何語を話していますか？

（2）成人まで過ごしたアメリカであなたは何を基準に考え、行動してきたでしょう？

（3）あなたの中に日本人としての何かは残っていますか？　それはなんですか？

## ②過去の体験次第でまったく違う自分になる

さてどうでしょう？　間違いなくあなたは、日本人の両親のもとで生まれた日本人です。ところが、いまあなたが想像してみたとおり、アメリカに連れられて成人まで育ったあなたは、アメリカ人として英語を話し、アメリカの社会の常識をベースとした考え方で生活をしているはずです。遺伝子的には間違いなく日本人でありながら、アメリカ人として生活しているはずです。

これはどういうことでしょう？　日本の両親のもとで生まれたあなたという人間は、アメリカで生活しようが、人間そのものとしての存在は変わっていないはずです。もちろん、外見的には食生活の違いなどで多少の差は出てくるでしょうが、あなたという存在には違いはないはずです。

ところが、100％日本人の遺伝子を持つあなたは、アメリカで生活し、英語を話し、アメリカの社会の常識をベースに生きています。アメリカという社会でその常識や規範を身につけて、日々生活をしているはずです。つまり完全にアメリカ人としての価値観で生きているわけです。

あなたをパソコンにたとえるなら、本体のハードディスクはあなた本人であることは間違いありません。問題は、あなたにインストールされたソフトです。ここでは、アメリカという国の社会、習慣といったもろもろが、あなたという本体にインストールされたわけです。そしてさまざまな体験を積み、記憶というアップデートを重ねながら、アメリカ人であるあなたができあがっているわけです。そして、当然のように、アメリカ人としての基準に沿って考え、行動するわけです。人間は記憶を通してしか理解できない。**つまりアメリカ人としての記憶しかないあなたは、アメリカ人としての価値観しか持ち得ないのです。**まとめると、価値観というものは、環境や出会う人が変わるだけで、まったく違う価値観ができあがるということを覚えておきましょう。

## ③「会社を休めない」という価値観は正しいのか？

いかがでしょうか？　同じあなたであっても、生まれた環境、育った環境でまったく違う価値観を身に着けて、中身はまったく別人になってしまうということです。

ここに隠されている重要な意味は、**あなたが持っている価値観は本当に重要なものなのかという問題提起です。**いまのワークでもおわかりのように、あなたが生きている環境に準ずるように、あなたはさまざまな情報を取り入れ、無意識的に無数の価値観を身につけます。無意識的に身に着けているということは、あなたが意識して選択し、それが重要だと思って身に着けたものではないわけです。

つまり、あなたの潜在意識がさまざまな経験の中で必要だと認識したものを記憶として貯蔵し、判断基準の素材として使用し操作しているわけです。もちろん、その中には生命維持にかかわるような重要な価値観もあります。しかしどうでしょう？　大きな視点に立って見たとき、これまで作り上げてきたあなたの価値観のすべてが本当に重要なのでしょうか？

先ほどのワークでいえば、アメリカ人として育ったあなたが20歳になり、日本に戻ったとしましょう。そして日本で生活を始めた場合、20年間アメリカ人として身に着けた価値観は、どこまで役に立ち重要なものでしょうか？　アメリカでの生活において重要だった価値観は、日本においても同じように重要なものでしょうか？

以前はその価値観が重要だったかもしれませんが、いまも同じように重要であるとは限りません。もし仮に、あなたの周りに間違った価値観を持った人しかいなかったらどうでしょう。極論ですが、あなたの周りに、法を犯すことが当然であるという人たちしかいなかったら、あなたはどのような価値観を持つでしょうか？　あきらかにその環境や人間関係に沿った価値観を身に着けているはずです。**それでは、本当のあなたとはいったい何者**

なのでしょう?

学校を卒業して社会に出る頃には、働くうえでの多くの価値観＝プログラムが刷り込まれています。以下に挙げた価値観は、あなたが積極的に意識して、あなたが重要なものと判断して、あなたの脳に刻み込んだものでしょうか? 逆に、こんな価値観を持ったばかりに、自分の行動にかなりの規制をかけてしまっているというようなことはありませんでしょうか?

・仕事は何より大切だ
・社会人に大切なのは何よりも協調性だ
・社会人は常識を持つべきだ
・出世しなければ偉くなない
・偏差値の高い学校へ行く人間は優秀だ
・一流企業に勤めている人は優秀だ
・会社に尽くすことが人生だ
・間違っていても上司に従うのが会社というものだ
・会社を休むことはずるいことだ

会社を休めないあなたから、休めるあなたへと変化するためには、まず、**あなたの脳に刻み込まれたこのような価値観＝プログラムを表に引っぱり出すことです。そして、不必要な価値観があればその質を変えればいいのです。**あなた本体を変えることはできませんが、あなたにプログラミングされている不要な価値観の質を変えてしまえばいいのです。

## ④皆勤賞・皆勤手当ての影響力

実践に移る前に、もうひとつ、日本人の多くが無意識にプログラミングされてしまっている重要な「価値観＝プログラム」の話をしたいと思います。潜在意識は意識の二万倍以上の力を持っていると先にも述べました。そこで考えてみてください。あなたが価値観を持ち出すときに、意識してその判断基準に沿った生き方をしているでしょうか。

たとえばあなたに「会社を休むことはずるいことだ」という価値観があったとしましょう。仕事が繁忙期の中、同僚が体調を崩し3日間会社を休みました。

朝、上司から同僚が休んだことを知らされたあなたは、どのような感情を持ったでしょうか？　同僚の心配をしましたか？　おそらくあなたはこう思ったでしょう。「忙しいのに休みやがって。日ごろの体調管理がなってないからだ！」と。

振り返ってみればわかりますが、この反応は無意識的なものだと気付くはずです。つまり、あなたの記憶の中に「忙しいのに休みやがって……」という反応を引きだす価値観があり、同僚が休むことを聞かされたとたん、無意識的に、先ほどのような反応が起こったわけです。

**そして、それが真逆の立場になったとき、その価値観によって体調を崩しても休むことができないあなたがいるわけです。**そんな反応を起こしてしまう「会社を休むことはずるいことだ」というような価値観は、あなたが人生を生きるうえで重要なものでしょうか？

どうして、こんな価値観が生まれてしまったのでしょうか？　**それを考えるうえで重要なのが、皆勤賞という制度です。**

学校でいえば皆勤賞、会社でいえば皆勤手当てというものがあります。どちらも、1年間休まずに学校へ行った人、会社へ行った人を表彰するためのもので、日本においては非常に重要視されている制度ではないでしょうか。

両親から見れば子供が休まずに元気に学校へ行くことは喜ばしいことです。しかし一方で、この制度の存在が潜在意識に「休むことは悪いことだ」という裏メッセージを刷り込んでいるような気がしてなりません。

「子供は頭がやわらかく、吸収力がある。一方、大人は頭がかたい」という言説をよく聞きますよね。成長を時系列的に考えると、どんな動物でも、どこかの時点で自立をすることが定めです。子供の頃は、これからの人生で身につけなければならないことを吸収しなければならない時期です。パソコンでたとえれば、子供の頃のハードディスクにはまだ空きがいっぱいあり、意識的にも、無意識的にもどんどん知識・体験をインストールしていきます。一方、ある程度の大人になると、そのハードディスクにはほぼ基本的な知識・体験がインストールされ、今度はそれを維持する方向に向かいます。その時点で、大人には過去の知識・体験の集大成として価値観が無数にできあがります。

ところが一方で、これらのできあがった価値観が新しい知識を吸収することを妨げてしまうということが起きてしまいます。世の中は常に変化していますが、ある程度価値観が固まっている大人は、その価値観を維持しているがために、目の前の変化を過去の基準で判断します。

すると、変化を認めることが怖くなり、目の前の新しい変化を受け入れるのではなく、過去の基準を維持するように潜在意識が働きます。だから、新しいことが吸収できず、頭がかたいのです。その結果として「近頃の若い者は」という言葉が出てきてしまいます。

何事にも吸収力のある子供の頃からずっと「皆勤賞」という名の制度にかかわっている

と、**子供たちの潜在意識はそこから、「休むことは悪いことである」という裏のメッセージを確実に受け取っているはずです。**

知らないうちにそうした裏のメッセージを受け取りプログラム化した大人たちは、社会に出てから「会社を休むこと」に対して無意識的に強烈な抵抗を感じてしまいます。また、皆勤賞という成功体験を得た子供たちは、大人になってもこの成功体験が価値観のベースとなり、休むことに強烈な抵抗感を持ってしまいます。どちらにせよ、この皆勤賞という制度の在り方を見直すべき時期が来ているといえるでしょう。

## 第2ムーブメント〜
# 休むことを止める価値観を探り出す

### ①必要な価値観と不要な価値観の仕分けをする

ここまでしつこいくらいに価値観＝プログラムについて述べてきました。ここまで来たあなたにはこのような気付があったのではないでしょうか？　もしかしたら、これまでの人生を少し振り返っただけでも、必要のない価値観に引きずられ、できることができなかったことが少なくないのではないか……と。

つまり、あなたの持っている無数の価値観の多くが、もはやいまの現状にそぐわない不要なものであったり、単なる思い込みであり、他人からの刷り込みであったり、それこそがあなたの行動を止めてしまっていたことに気付くことができたかと思います。

「もしこんなことができたら」と考えることがあります。自分の頭の中をこじ開けて、生きるうえで本当に必要な価値観と必要のない価値観を仕分けして、不要なものを捨てられたらと。そんなことができたなら、どんなにスッキリするでしょう。ところが、現実的にはそんなことは無理なわけです。では、どうしたらよいのでしょう？　ここでまずやるべきことは、「あなたの持っている価値観・思い込みをすべて表に引っぱり出すこと」です。そして意識化することです。

そこで、あなたが、会社を休むときにあなたにストップをかけたと思われる価値観を、紙に思いつくまま書き出してみましょう。ここでのコツは、状況を思い出し、感じたことを、どんな小さいことでも紙に書き出すことです。考え込んではいけません。思いついたまま書き出しましょう。いまこの本を読んでいるあなたの目の前には上司も同僚もいません。誰の目も気にせず、書き出してみようじゃないですか。

「会社を休もうとするときのあなたの価値観」を書き出すワーク

- 会社に従わなければならない
- 仕事は責任を持つべきだ
- 会社に迷惑をかけてはいけない
- 会社を休むと評価が下がってしまう
- 会社を休むと無責任な奴だと思われる

・私はプロフェッショナルなのだからこの仕事を放棄できない
・私が休んだら部下に示しがつかない
・会社を休むと上司から叱られる
・仕事が終わらない

## ②第三者の目で「休んではいけない」という価値観を眺める

さて「会社を休もうとするときに感じたあなたの価値観＝プログラム」がいっぱい出たはずです。これから、あなたが書き出した価値観の仕分けをします。仕分けの基準は「**この価値観はこれからも必要なのか**」という一点のみです。

ただし、注意したいことがあります。仕分けの際にも、あなたの価値観が確実に侵入してくるはずです。つまり、せっかく書き出した「価値観」を、また古い価値観で判断してしまうおそれがあります。ここでの仕分けはどうしてもしっかりやらなければなりません。

その際に、とても有効な見方を提示したいと思います。それは、この書き出した価値観を感じた状況を、**視点を変えて「第三者の立場」で見る**という方法です。第三者の立場を取ることで、古い価値観の侵入を防ぎ、本来の価値を見つけるのです。

**第三者の立場からあなたの価値観を見る方法**

まず、第三者の立場になりきるために、次のような状況を想像します。いま、あなたは新作の映画を観るために映画館にいます。あなたは映画館の座席に座っています。座席にもたれかかり、観客になったつもりで、まったく他人になりきり、その状況を眺めてください。

これから上映される映画の題名は「サラリーマンが手放せない大切なもの」です。いま話題沸騰の映画です。主人公のサラリーマンはあなたにそっくりで、連日連夜の残業で疲れ切っています。あなたにそっくりな主人公の心の動きを客観的に感じながら上映を楽しんでください。ではどうぞ……。

（1）あなたの目の前に映画のスクリーンを想像します。
（2）そのスクリーンに体調を崩したあなたにそっくりな主人公がいます。
（3）主人公は休暇届を出そうと椅子から立ちあがり部長のもとへ向かいます。
（4）ところが途中で立ち止まり「休むと言ったら怒られるだろうな」と考え込んで

います。

(5) さらに、部長の姿を見たとたん嫌な気持ちになり、いったん諦めて席に戻ろうとします。

(6) 主人公は体調が悪くかなり辛そうです。

(7) そのとき主人公の心のつぶやきが聴こえてきます。「ああつらいな、でも明日休むなんて言ったらどうなるんだろう……」

(8) 結局、休暇届を出せない主人公は休むことを断念します。

(9) 休暇を出せなかった主人公は、どんどん調子が悪くなってきます。

(10) さすがに我慢できなくなった主人公は勢いで部長に休暇届を申し出ます。

(11) すると部長は「この忙しいのに何だ！　気合いが足りないんだよ！」と主人公を怒鳴りつけます。

(12) 部長に怒鳴りつけられた主人公は、辛い身体を引きずりながらも根性で仕事に向かいます。

(13) やるしかない状況に追い込まれた主人公は、連日連夜仕事に打ち込みます。

(14) 主人公の目を見ると、もはや焦点が合っていません。

(15) その姿は見る影もなく疲れ切っていますが、ただ黙々と仕事をこなしています。

(16) すると、主人公の頭の中でこのような言葉が呪文のように繰り返されます。

・そうだ、仕事には責任を持つべきだ、私がやらなければ……

・会社に絶対迷惑をかけてはいけない

・会社を休むなんてとんでもない、評価が下がってしまう

・このまま働けば無責任な奴だと言われるのを逃れられるぞ

・お前はプロフェッショナルなのだからこの仕事を放棄できない

・お前が休んだら部下に示しがつかない

・お前がいま休むと上司から何を言われるかわからないぞ

そして何かに憑《つ》かれたかのように、目もうつろになりながら作業に向かうのでした。身体は無意識的に働くことに反応し、まるで機械のようです。主人公の意識は遠のき、椅子にもたれかかり宙を見つめ動かなくなります。画面はセピア色に変わり、悲しい音楽とともに主人公の姿を静止画でとらえ、映画が終わります。

## ③「休んではいけない」という価値観はあなたにとって重要なもの？

さて、映画「サラリーマンが手放せない大切なもの」を観客として観終わったあなたはどう思いましたか？　いま、映画の主人公のサラリーマンは、自分の健康と引き換えに仕事を続けています。まったく傍観者としてこの映画を観たあなたは、どう感じましたか？「仕事に打ち込む主人公の姿勢。そのとおり、これこそが社会人」というものだと思いましたか？　それとも、「これ以上働くと危険だぞ。早く気付けよ！」と思いましたか？

映画の中で映し出された主人公は、まさに体調を崩しても働き続けるあなたの姿です。潜在意識の力は超強力だと何度も述べました。だから、潜在意識は、切迫した命にかかわるような一大事でない限り、現状の体調の悪さより「会社を休むと無責任な奴だと思われる」という価値観を徹底的に維持しようとあなたをコントロールします。

一方、完全な第三者として、映画の中のあなたを見たとき、どのように感じましたか？働き続けるあなたを維持するこのような価値観をどう思いますか？

第三者の立場から見たあなたの姿にこのような感じたのではないでしょうか。

・もういいよ、辛そうだから帰りなよ
・会社がどう言おうと休むべきだよ
・これ以上働いたらダメになっちゃうよ……
・本人が調子悪いのに周りの連中はなんの心配もしてないじゃん
・部長の奴、私の身体より仕事のほうが大事なのか
・もういいよ、こんな会社辞めちゃえよ
・おい誰か気づけよ！
・そこまで会社に尽くす必要はないよ

第3章で飲食店のアルバイトの方が、店長からのパワハラと過重労働を強いられながらも、彼の価値観からの反応である「責任感」に引っ張られ、限界を超えて働き続けていた姿を紹介しました。それを読んだあなたは「なぜここまで働き続けるのか？」と強く感じたと思います。しかし、アルバイトの彼はそれでも働き続けようとしていました。実際にこのような立場に立たされたときには、現場にいる自分の状況を理解することがとても難しいのです。

しかし、一歩引いて第三者として映画の中のあなたを見たとき、いま書き出したような、

持っているはずの価値観とは真逆の反応が出てきたと思います。この意味を少し考えてみましょう。

## ④会社を休めないあなたから、休めるあなたへ

繰り返しになりますが、**辛い状況の渦中に呑み込まれているときは、自分自身の状況・状態を冷静に分析することは困難です。**だから、空想の中であっても、その辛い状況の外から自分の状況を眺めることで、客観的にいまの状況を認識するよう努めたわけです。人間の脳というものは意外と単純なもので、外に出た自分をリアルに想像すると、それを現実だと錯覚してしまうのです。

これはＮＬＰという心理学において「ディソシエイト」と呼ばれる手法なのですが、専門的な説明はさておいて、騙されたと思って、もう一度想像の中で、先ほどの映画を観直してみてください。そして、渦中の外で感じたことをもう一度思い出してみてください。

・もういいよ、辛そうだから帰りなよ
・会社がどう言おうと休むべきだよ

・これ以上働いたらダメになっちゃうよ……
・私が調子悪いのに周りの連中はなんの心配もしてないじゃん
・部長の奴、私の身体より仕事のほうが大事なのか
・もういいよ、こんな会社辞めちゃえよ
・おい誰か気づけよ！
・そこまで会社に尽くす必要はないよ

ここからはっきりしたことを言います。それは、やはりあなたはいま、休みを取らなければなりません。**第三者の立場から感じたあなたの思考を大事にしてください。**これが、あなたがはまり込んでいる状況に対する客観的な意見です。

いまあなたは、自分が何に縛り付けられて動けなかったか、その背景がわかってきたと思います。そして、いまその現実に直面し、何をすべきか、何が大事かを考えるのです。いまこそ「会社を休めないあなたから、休めるあなた」に変化しましょう。なぜなら、これこそが人間本来が持っている生命維持の欲求のひとつだからです。

## 第3ムーブメント～思い込みを捨て、潜在意識を味方につける

### ①価値観を乗り越えて先に進んだあなた

いよいよ「会社を休めないあなたから、休めるあなた」への変化の準備が整ってきています。

あなたは、これまで、そしていままさにこの瞬間も、無意識的に価値観＝プログラムに従って、まるで操り人形のように行動してしまっていることに気付いたと思います。そして、その行動の基準となっている価値観の多くは、他者からの刷り込みであったり、思い込みであったり、決してあなたの人生に大切なものではないということを感じ取ることができたと思います。

これからとても重要な話をします。いま、あなたはもうひとりのあなた＝潜在意識に逆らえず、まるで操り人形のように行動してしまっていると書きました。

しかし、あなたは、過去のどこかで、無意識に反応して生きているだけでなく、**価値観をしのぐ意思の力で何かをやり遂げたことがあります**。つまり、これまでの人生の中で、何かしら「やり切った」経験をお持ちであるはずです。

どんな小さいことでも構いません。たとえば、鉄棒で逆上がりができなかったのを練習してできるようになった。勉強して試験に受かった。下手な歌がうまく歌えるようになった。ギターが上手になった。禁煙に成功した。ダイエットに成功した……。なんでもいいのです。このような自分の意思で何か達成したことがあるかと思います。

その目標は人それぞれで、大きいも小さいもありません。あなたがその達成に意味を感じられれば十分です。ある人は100億円稼いで自由になる。ある人は今日作る晩ご飯で家族を笑顔にする。目標はそれぞれです。他人と比べる必要などありません。自分が満足すればよいのです。

そうです、そのとき、潜在意識の操り人形状態を脱して、確実にあなたは過去の価値観＝プログラムを飛び越えて、なんらかの結果を出しているのです。

## ②意思次第で潜在意識を味方にできる

その目標を実現するまでには当初価値観＝プログラムによる強い抵抗があったかと思います。そしてその抵抗を乗り越え、何かしらの目標を達成しました。どう頑張りましたか？　よく思い出してみましょう。きっと、潜在意識から出された価値観から起こる抵抗に打ち勝とうと強い意思を持って乗り越えたと思います。

たとえば、これから毎朝早起きして資格の勉強をしようと決めました。ところが、もうひとりのあなたが、

「いまのままがいいだろ」

「どうせやっても無駄だよ」

とささやき、あなたの目標を阻止しにかかります。早起きしようとすると、もうひとりのあなたがささやくわけです。このまま寝ていたほうが楽だよと。そんな頑張らなくても、いまのままで十分だよと。

しかし、早起きの先に目標を持っているあなたは、「強い意思」を持ってその抵抗を振り切ります。するとある日を境にその抵抗が緩み、今度は資格勉強のために早起きするという目標へ見えない力が加わります。

この見えない力こそ、先ほどまで早起きを阻止しようとしていたものと同じ、あなたの潜在意識です。あなたが早起きして資格の勉強するという**強い意思が、潜在意識の方向を真逆に変えた**のです。そして、毎朝起きられなかったあなたが、早起きすることに心地よさを感じ、達成に向かい始めるのです。

つまり、**あなたの意思次第で強力な潜在意識を味方にも敵にもできる**ということです。

ただし、基本的に潜在意識はあなたの現状の状態を維持することが使命です。意識して変えようという「強い意思」を持たなければ、その価値観に引っ張られることになります。

だからこそ、その価値観を意識のうえに引っ張り上げて、そこに疑問を投げかけ、新たな「強い意思」を持って潜在意識を味方につけるべく方向を変えなければならないのです。

## この章のまとめ

・環境や出会う人が変わるだけで、まったく違う価値観ができあがる
・皆勤賞という制度が「休んではいけない」という思い込みをもたらしている
・これまで刷り込まれてきた価値観を意識化し、疑問を投げかける
・第三者の立場から客観的に自分を眺めて感じたことを大切にする
・過去のどこかで、強力な価値観の力を超えたあなたがいる
・潜在意識は味方にも敵にもなる
・強い意思を持つことで潜在意識を味方にできる

# 第5章　自分の人生を取り戻す

## あなたの代わりはいない

映画やドラマで、主人公があるプロジェクトに命を捧げ、亡くなってからヒーローのように扱われるたぐいのものがあります。「あの人は伝説だ」というように。しかし、あなたはそんな「ヒーロー」や「伝説」になる必要はありません。これまでの章でも書きましたが、会社目線からいえば、あなたの代わりはいくらでもいるわけです。

しかし、**あなた自身から見れば、あなたの代わりはあなた以外にはいないのです。**でも、それが忙しさの渦中にいると現状の認識ができません。結局、潜在意識の強い力に引っ張られて、健康を害してまで突っ走ってしまいます。まだまだ残された人生の中でやりたいこと、やるべきことがあるはずです。それならその選択をするべきです。

この章では、これまで語ってきたあなたの内面（潜在意識）との折り合いをつけ、体調の悪いときこそ「強い意思」を持てるように、あなたの潜在意識に新しい価値観をプログラムし、古いプログラムを上書きすることを目的とします。

そこであなたの目標達成「会社を休んで体調を回復し、自分の人生を取り戻す」ための

8つの質問をします。これらに答えながら3つのムーブメントを読み、最終的にどんなときでも「会社を休むことができる強い意思」を手に入れると決意してください。

①体調が悪いあなたが本当にいま欲しい結果はなんですか？
②その目標が達成されたら、どのような結果が手に入りますか？
③その結果はいつ、どこで誰が作りだしますか？
④その結果を手に入れることであなたが失うものはありますか？
⑤その結果を手に入れるために必要な、あなたが持っている能力はなんですか？
⑥現在、その結果を達成するのを止めているものはなんですか？
⑦その結果を手に入れることはあなたにとってどんな意味がありますか？
⑧では、最初の行動はまず何から始めますか？　いつ始めますか？

## 第1ムーブメント～会社を休むことを決める

### ①目標を設定する

体調の悪いあなたが本当にいま欲しい結果はなんでしょうか？　このまま、働き続けて体調がさらに悪くなることでしょうか？　そうではなく、「会社を休み体調を回復する」ことのはずです。

あなたの周りにはさまざまな人がいます。人それぞれ生きるペースも違うし、体力も違うのです。あなた以上に働いていてもビクともしていない人もいます。でも、あなたはいま、精神的にも、肉体的にも休みを必要としているのです。他人と比較する必要はありません。いま現時点、あなたがいちばん必要としていること、さらにいえば、これからのあなたの人生を健全に送るためにいちばん必要なことを、「強い意思」を持って選択すべきです。それは何でしょうか？　まず設定すべき目標は「休みを取る」ことのはずです。では、もう一度あなたに質問です。

## 体調が悪いあなたが本当にいま欲しい結果はなんですか？

### ②目標達成後の自分を満喫する

会社を休むことができたらどうしますか？　「会社を休む」ことができたあなたを想像してみてください。

あなたは、会社を休むことができました。どのような気持ちでしょう？　そして何をしていますか？　あなたは、この休みのあいだ、働くことから完全に解放されました。あなたは、何もかも忘れて体調の回復に集中します。リラックスし精神も肉体も解放された気分を味わってください。どんな気分ですか？　やり残した仕事を体調の回復後、ベストな状態でやり直している自分を想像してみてください。では、もう一度あなたに質問です。

もしあなたが会社を休むことができたら、どのような結果が手に入りますか？

### ③会社を休むまでの経緯を子細に設定する

②で「会社を休んでいるあなた」を堪能しました。これは、あなたが「会社を休む」こ

とが実現したからこそ味わえた感覚です。休むことに集中し、心身の疲れが回復していくあなたをもう一度体験してください。

さて、この状況を実現できた背景はどうでしょう？　具体的に、いつ、どこで、どのような行動をしたから会社を休むことができたのですか？

## ④会社を休んだ際の影響を考える

体調が悪いので休むことを決めたあなたは、休みを取り、体調を回復している自分を②で体験しました。このまま休まずに働き続けていたら、どうなっていたでしょう？　だから、あなたは自分の体調の回復を選択しなければなりません。しかし、さまざまな価値観があなたの行動を止めにかかります。

・会社を休んだら周りに迷惑をかけるぞ
・会社からの評価が下がるぞ
・仕事がたまってしまうぞ

このような価値観＝プログラムがあなたの行動を止めにかかります。嫌な気分ですよね。では、このような価値観とはなんだったのでしょうか？　そうですよね、過去にあなたがさまざまな体験から無意識に取り込んできた他人目線の刷り込みです。

そこであなたに質問です。あなたが会社を休むと、本当に周りに迷惑がかかるのでしょうか？　本当に会社からの評価が下がるのでしょうか？　たしかに一時的に周りに仕事が降りかかることもあるし、回復後やらなければならない仕事もたまってしまうかもしれません。でも、体調の悪いまま働くことでこれは本当に解消されるのでしょうか？

一時的な感情ではなく、中長期的に見たときに、休養を取り、通常のベストなパフォーマンスに戻すことのほうが、あなたにとっても、会社にとっても望むところではないでしょうか？

ここであなたは次のような「強い意思」を持ちましょう。

・一時的に周りに迷惑をかけてもまずは休養を取るべきだ
・会社の評価が下がっても、まずは休養を取るべきだ
・仕事がたまっても、まずは休養を取るべきだ

体調さえ回復すれば、取り返せることばかりです。それ以前に、単なる思い込みでしかないかもしれません。いますべきは「強い意思」を持って、あなたが決めた「休む」という目標を達成することです。

**会社を休むことであなたが失うものはありますか？　覚悟を決めましょう。**

## ⑤休んでもまったく問題ないという根拠を持つ

④で、あなたは価値観＝プログラムから発せられる「休むと周りに迷惑をかけてしまう」「会社からの評価が下がってしまう」などの負の情報に対して、覚悟を持って休養を取ることを決意しました。ここまで何度も説明をしたように、あなたに刷り込まれている価値観は、一見すると根拠があるように思えますが、実際は単なる思い込みであったりします。

あなたは、ここまで会社の仕事をし、あなたならではの技術や能力を身に着けてきたと思います。それはなんでしょう？　体調が悪いので回復するための休養を取るくらいで、あなたのここまで培った技術や能力は錆びることはないはずです。万が一、ブラック企業のような体質の会社であり、本当にあなたを追い込もうとしているのであれば、体調回復後、さらに会社を辞めたとしても、その技術や能力を他（外）に向ければよいのではないでしょうか？　そのために、あなたの健康を守りましょう。そして、休養を取りさらに力をつけてはいかがでしょうか。

そこでもう一度、自分を見直してみましょう。あなたの持っているリソース（能力や技術、その他あなたが持っている資質）はなんでしょう？

## ⑥それでもあなたが休むのを止めているものは？

それでもまだ、あなたの価値観から潜在意識が引きだしてくる負の情報はなんですか？それは、あなたの健康や命を犠牲にしてまでも、逆らえないような価値観ですか？あなたの行動を止めるネガティブな価値観を、もう一度書き出してみましょう。

- 仕事に責任を持つべきだ
- 会社に迷惑をかけてはいけない
- 会社を休むと評価が下がってしまう
- 会社を休むと無責任な奴だと思われる

それでは質問です。

・目の前の仕事はあなたが健康を損なってまで本当に責任を持つべきものでしょうか？　それを会社も本当に望んでいるのですか？
・会社を休むと本当に迷惑をかけてしまうのでしょうか？　その迷惑ってどれくらいのものですか？
・会社を休むと本当に評価が下がってしまうのですか？　あなたの会社は本当にそんなことで評価を下げるのですか？
・会社を休むと本当に責任がない人間なのでしょうか？
・そもそも、あなたの人生において「会社の仕事」ってなんなのですか？

## ⑦休むことが実現する意味を真剣に考える

いまあなたは体調が悪いのです。ここで、あなたが休養を取る意味はなんなのでしょう？　ここで安易に仕事を続けてしまい、健康を損なってしまった場合、今後のあなたの職業生活はどうなってしまうのでしょう？　さらにいえば、あなたの人生はどうなってしまうでしょう？

逆に、「強い意思」を持って休養することを選んだ場合、あなたにとって短期的、中期的、長期的にはどのような意味を持つことになるのでしょう？　人生は一度きりです。あなたにとって、休養を取り体調を回復する意味を真剣に考えてみましょう。

いま、休養を取ることはあなたにとってどんな意味がありますか？

## ⑧目的実現に向けた行動を起こす

では、休養を手にするための行動は何から始めますか？　明日朝いちばんに行動することを書き出してください。必要なのは、さまざまな他人目線の価値観に支配されているもうひとりのあなたに負けない「強い意思」のみです。もう一度聞きます。休むという目的を達成するための最初の行動、まず何から始めますか？　いつ始めますか？

## 第2ムーブメント〜
## 自分を苦しめる価値観を崩す

### ①過去に苦しむあなたと決別する

「過去にとらわれるな」「過ぎ去ったことを悔やんでも仕方がない」という言葉を何度も聞かされたし、自分でも言い聞かせてきたと思います。しかし、ここまでこの本をお読みになったあなたにはもうわかると思います。そうはいっても「人間とは過去にとらわれて生きているものだ」ということを。

それゆえに、あなたのいちばん大切な健康をも犠牲にして、働くことを選択してしまう人があとを絶ちません。しかし、この本をお読みになったあなたは、過去の記憶である価値観を基準にして、あなたが休養を取りたいという欲求を妨げていることに気付きました。そして、あなたの潜在意識が、あなたの体調回復のための休養を妨げる記憶の正体も理解しました。ここでもう一度あなたに制限を加えている価値観を見てみましょう。このような価値観です。

・仕事は何より大切だ
・社会人に大切なのは何よりも協調性だ
・社会人なら常識を持つべきだ
・出世しなければ偉くなない
・会社に尽くすことが人生だ
・間違っていても上司には従うものだ
・会社を休むことはずるいことだ

これらの価値観に対して、あなたにいくつかの大切な質問をします。もう一度言います。とても大切な質問です。だから、どうかひとつずつ丁寧に答えてみてください。そして、質問に対して湧き出てきたあなたの回答を紙に書き留めてみてください。

**あなたの信念・価値観を問う質問**

・仕事は何より大切だ

（問）あなたにとって目の前の仕事は本当に何よりも大切なのですか？　あなたの健康、家族、友人、恋人、そして、あなたの人生よりも本当に大切なのですか？

・社会人に大切なのは何よりも協調性だ

（問）あなたにとって協調性とはなんですか？　体調の悪さを無理してまで周りに協調することはどのような意味があるのですか？

・社会人なら常識を持つべきだ

（問）あなたにとって社会人の常識とはなんですか？　いま信じていることは本当に必要な常識なのですか？　そもそも、何を基準に常識と思っているのですか？

・出世しなければ偉くなれない

（問）あなたは出世しないとダメなのですか？　あなたはどう偉くなりたいのですか？　誰と比べて偉くなりたいのですか？　それはどれくらいの価値のあるものなのですか？

・会社に尽くすことが人生だ

（問）会社に尽くす人生とはどのような人生ですか？　会社に尽くすことであなたは本当に幸せですか？　他に幸せを感じることはないのですか？

・間違っていても上司には従うものだ

（問）間違っている上司に従うことは、あなたの人生でどれほどの意味がありますか？　いったい、何があなたにそのように思わせているのですか？

・会社を休むことはずるいことだ

（問）体調の悪いあなたが会社を休むことは、本当にずるいことなのですか？　どんな状況があろうとも会社を休むことはずるいことなのでしょうか？

## ②「休んではいけない」という思い込みをなくす

いま、あなたの信念・価値観を問う質問をしました。これまであなたをあれだけ縛り付けてきた「価値観」の数々に対する私の質問へのあなたの答えはどのようなものでしたか？　そして、どうでしょう？　表に引っぱり出した価値観に対して私の質問に答えることで、「価値観＝思い込み」に対するさまざまな考えが出てきたと思います。

・仕事は何より大切だ

(問) あなたにとって目の前の仕事は本当に何よりも大切なのですか？　あなたの健康、家族、友人、恋人、そして、あなたの人生よりも大切なのですか？

(答) 私にとって本当に大切なのは自分の人生を生きることだ。それには、健康な身体で、家族、友人、恋人と大切な時間を過ごすことだ。

「本当に何よりも大切なのですか？」と質問された瞬間、あなたの脳は、目の前の仕事について客観的に考え、本当に大切にしているものが他にあるのではないかと無意識に探しに行ったはずです。そして、答えが出た人と、答えが出ずに空白状態になった方がいるかと思います。

答えが出ずに空白状態になったあなたも心配することはありません。逆に言えば、空白状態になったということは、「いま目の前の仕事が何より大切だ」ということに疑問を持っているということです。その場合、深呼吸でもして心を落ち着かせ、引き続き先ほどの問いの答えを探そうとしてみてください。潜在意識が、必ずその空白を埋めてくれるはずです。

さて、ここでとても重要なことをもう一度書きます。それは、**自分から意識して価値観（過去からの刷り込み）と向き合わなければ、完全にその価値観（過去からの刷り込み）通りに流されて生きてしまう**ということです。

たとえば「仕事は何より大切だ」という価値観に、疑問を持って生きなければ、文字通り「仕事がすべて」になってしまうということです。先ほど「目の前の仕事は本当に何よりも大切なのですか？」という質問をしました。この質問をすることで、あなたの無意識に組み込まれた「仕事は何より大切だ」という凝り固まった価値観（刷り込み）が崩れたはずです。その結果、あなたにとって「もっと大切なもの」が見えたわけです。

世の中には「仕事がすべてだ」と公言している方が多くいます。中には、いまの仕事が大好きで、その仕事をすることが生きがいだという方もいるでしょう。たとえば、もの作りが大好きで、これにかかわっている時間が幸せでたまらないというような方です。それでも「目の前の仕事は本当に何よりも大切なのですか?」と質問したら、どう答えるでしょう?

ようするに、その大好きな仕事の先に、あなたは何を求めているかということです。いまの仕事が嫌いであろうと、好きであろうと、仮に苦しくて仕方なかろうと、いまの仕事を通じて、あなたは、何を実現するためにその仕事を行っているのでしょうか。先ほどの「あなたの信念・価値観を問う質問」の各項目についての問いに、あなたなりの答えを出してみてください。

## ③あなたは人生をどうしたいのか?

いま、あなたがこれまでの人生を通じて知らないうちに固めてきた価値観＝プログラムをあなたの目の前に引っ張り上げました。**あえてこのような価値観を意識化しなければ、まったく気付きもせずに、この価値観をはみ出さないように思考し、行動してしまいます。**

ましてや、体調が悪いとき、長時間労働で疲れているとき、ストレスが激しいときなどは、この価値観の思うがままに支配されて、まったく状況がわからなくなります。仕事に追いかけられているあなたを想像してみてください。視野が狭くなり、仕事のプレッシャーに押しつぶされそうになっていることがわかりますよね。

このとき、本当に体調が悪かったらどうなるか？　最悪のケースは、その体調の悪さを我慢して、仕事に突き進みます。その結果どうなるでしょう？　だからこそ、日ごろからあなたの中に組み込まれた価値観を意識化して、できる限り、客観的な自分になる考え方を持つことが大切なのです。

先ほどの問いでもわかるように、無意識的に染み込んでいる価値観のほとんどは思い込みであり、他人目線のものばかりです。他者からの承認欲求を得るためのものばかりで、これらは、あなた本来の生き方を規制するものばかりです。

「仕事は何より大切だ」
「社会人に大切なのは何よりも協調性だ」
「出世しなければ偉くなない」

どれも、他者に認められたいという承認欲求が根底にあるものであり、逆にいえば、他者の都合のよいように生きなさいというプログラムに他なりません。もちろん、すべてを否定するわけではありません。仕事には責任を持つべきだし、協調性だって必要です。出世することで、より広い視野で仕事をすることはあなた自身の成長においても役に立つとは思います。

しかし、重要なのは、**あなたは自分の人生をどうしたいのか**ということです。会社に奉公するもよし、他者に協調するのもよし、出世するのもよし。しかし、その結果、あなた自身の健康を損なったり、他者との関係に過剰なストレスを感じたり、出世して勘違いしてパワハラを行ったりするようでは、本末転倒です。もう一度言います。重要なのは、あなたは人生をどうしたいかということです。

常日頃当たり前だと思っていた価値観＝プログラムに疑問を持ち、意識して問い続けてください。無意識だからこそ、流されて生きているあなた自身を見つめ直す大切なきっかけになるはずです。そして、過去からできあがっているこの不要な価値観から自由になり、いまこれからのあなたの人生に合った「価値観」に替えるのです。

## 第3ムーブメント〜人生単位で「今日休む」を考える

### ①不安は思い込みに過ぎない

私たち人間は、いま目の前のできごとを過去の記憶（価値観）を基準にして見ています。

たとえば、目の前に一枚の「夕焼け」を映し出した写真があります。この写真を見て、あなたは何を感じるでしょう？　幼い日の夕暮れ、旅行に行った思い出、映画のワンシーン……100人いれば100人違う気持ちで「夕焼け」の写真を見ているはずです。それは、100人それぞれの過去の記憶を「夕焼け」の写真に被せて見ているからです。では、いま目の前に起こっているできごとをこの100人はどのように見て判断しているのでしょうか？　もちろん、100人それぞれ違った見方をしているわけです。

未来のできごとに対して、過剰に不安を抱く人がいます。まだ訪れもしていない未来になぜ過剰な不安を抱くのでしょうか？　これも、あなたが未来を見るときに、過去の記憶というフィルターを通して見ているからです。たとえば、昨日会社でミスをしてしまったから、今日も会社でミスをしてしまいそうだと不安になるのは、過去の記憶を未来に被せて無意味な不安を持つ実例だと思います。

このように、**私たち人間は、現在のできごとも、これからの未来についても、過去の体験記憶というフィルターを通して生きているということです。**

それでは、その過去の体験記憶はいま目の前の現在と、これからくる未来と本当に関係があるのでしょうか？　昨日会社でミスをしたから、今日も明日もミスをしてしまうのでしょうか？　10年前に失敗してしまったから、未来永劫、失敗をし続けるのでしょうか？

そんなわけありません。全部、思い込みですよね。

同じように、会社を休んでも評価は下がらないし、同僚にも嫌われません。ましてやクビになるわけもありません。百歩譲って、評価を下げられたとしましょう。あなたの体調を理由に評価を下げるような会社はあなたの人生には必要ないはずです。なぜなら、そのような会社はあなたの命をなんとも思っていないからです。そんな会社は、どこかで見切りをつけて、体調を回復し新たな職場を探せばいいわけです。

これらはあなたの潜在意識が過去の記憶から関連事項を引っぱり出し、不安を起こさせているだけです。全部思い込みなのです。であれば、思い込みであることを裏付け、それを書き換えるくらいの強い「動機付け」を作りだせばいいわけです。

どうすればそんなことができるのでしょうか？　それは、いまの時点で、あなたの不安を吹き消すような強烈な思い込みを作りだし、「強い意思」をも持って古い思い込みを上書きしてしまえばいいのです。当然ですが、決してネガティブな思考を上乗せしてはいけません。あなたがすべきは、**理想とする未来への強い思い込み**です。

## ②未来に価値をもたらすための思い込み

いうなれば、これまで嫌というほどあなたは過去にタイムスリップしてきたわけです。目の前のことを考えるのにわざわざ過去のあなたに接触し、起こしもしない思い込みを持ち、やるべき行動を止めてきたわけですから。

だから今度は、過去ではなく未来にタイムスリップしてみるのです。未来というキャンバスは真っ白です。どうせなら、あなたの理想の未来にタイムスリップしようじゃありませんか。なぜなら、未来はなにも決まっていないし、いかようにも作りだすことができるからです。

とても有名な事例があります。メジャーリーガーのイチロー選手の小学校時代の作文です。そこで、彼は堂々と「一流のプロ野球選手になり活躍している」と言い切っています。このとき、小学生のイチロー君の頭の中で何が起こっていたのでしょう？　小学生のイチロー君はこの時点で、未来の理想の姿である「一流のプロ野球選手」にすでになりきっていたわけです。当時、同級生や周りの連中から完全にバカにされていたとのちに語っています。はたから見ると、隣の同級生がプロ選手になって活躍していると思い込んでいる姿は相当異質な存在に見えたのでしょう。それでもイチロー君は未来の自分になりきり、前に進んだわけです。

だからこそ、彼の目の前には、やるべきことが次々と現れ、黙々とそれをこなし、その結果、小学校のイチロー君が思い描いた以上の結果を実現しているわけです。なぜなら、やるべきことをこなしていかなければ、実際に「一流のプロ野球選手」になれないからです。それくらい、**思い込みはあなたの未来に重要な価値をもたらします。**

別に、あなたにメジャーリーガーや有名人になれと言っているのではありません。あなたにとって、考え得る最高の未来の理想像を思い描き、そうなると思い込めばいいのです。たとえば、健康になんの不安もなく、大好きな人と世界中を旅行している自分など、幸せを感じる未来を描き出せばよいのです。

## ③願いを叶えるためのワーク

これから、あなたの未来にタイムスリップします。未来へタイムスリップする目的は、3つあります。

ひとつ目は、あなたの現在の苦しい現実のすぐ隣には、実は、無限の可能性があることを知ることです。ふたつ目は、それを認識し前に進む強い「動機付け」を持つことにあります。そして、3つ目は理想の未来からいま現在のあなたを俯瞰してみることです。

まず、次の表をご覧ください。まず（1）においてあなたが夢や目標を実現した最高の姿を思い描き、頭の中で現実化し、徹底的にその自分になりきります。思い描いたら、思う存分その状況に浸ってください。

次に（2）（3）（4）はそれぞれ、あなたが夢や目標を実現した（1）を実現するための途中段階です。（1）の状態を実現するために、（2）（3）（4）それぞれの段階で何をして、何を見て、何を聞き、何を感じているかを体感します。

そして、夢や目標を実現した（1）の時点からさらに一歩先へ進み、（5）「夢や目標を達成した自分がさらにどういうことを実現したいか」を思い描き、その状況になりきります。最後に、（6）の時点から、いま現時点のあなたを見ます（7）。

ただし、人は未来をイメージするときにも過去の記憶というフィルターを通して考えてしまいがちです。その際に、「一流大学と呼ばれる学校や一流企業と言われる会社に入れないと負け組である」といった無意識的な価値観がジャマをすることがあります。

しかし、有名校や有名企業に入ることは、人生を生きるうえでのひとつの手段と情報を手に入れただけであり、それがすべてではありません。ダメだった場合は別の手段と情報を手に入れればよいだけのことです。そうしたことにとらわれずに、明るい未来を想像することを心がけてください。

(1) 20年後、理想のあなたになりきる

いまから、20年後の**夢や目標を達成した理**

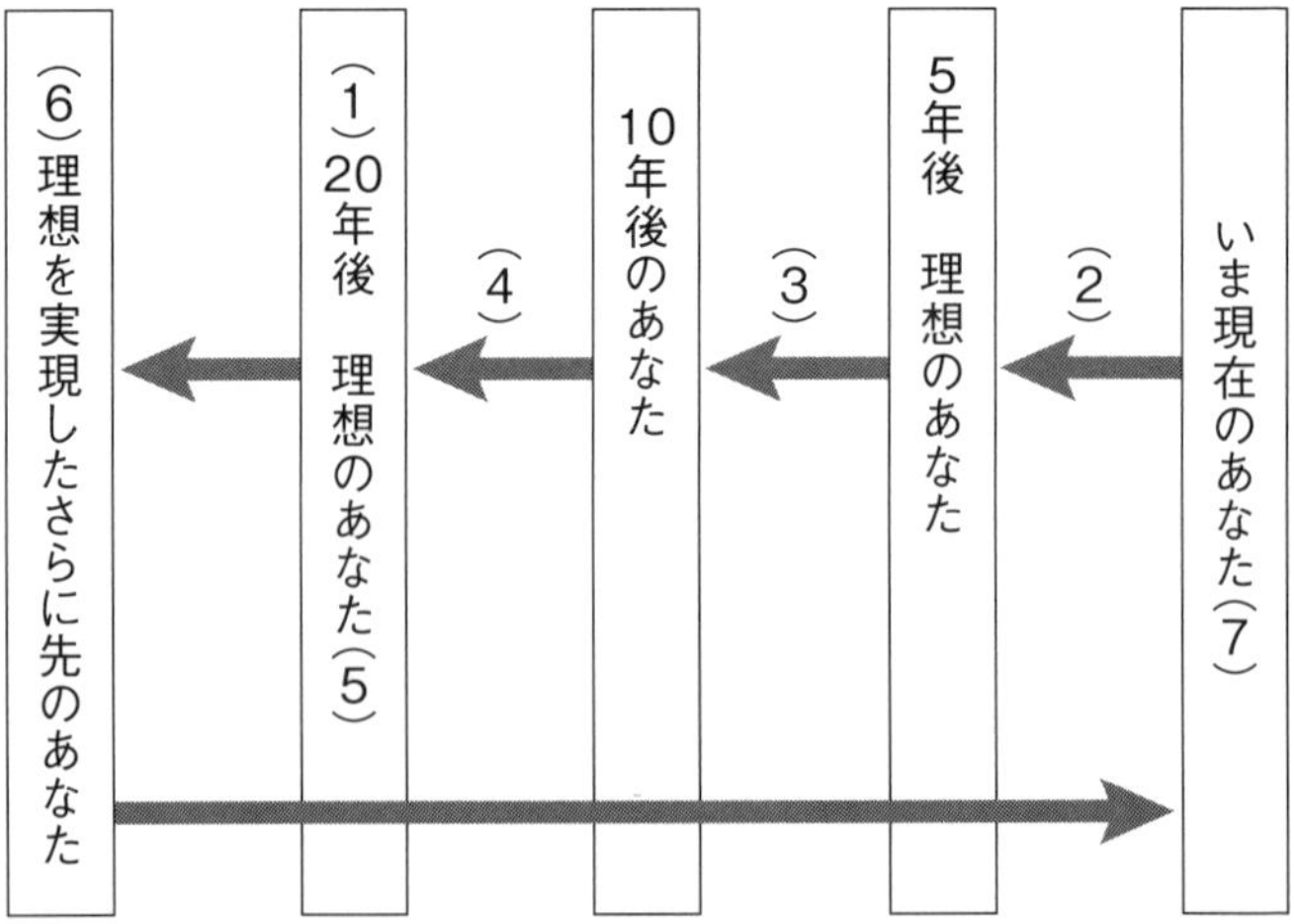

**想のあなた**を思い描きます。いわば、あなたの人生のゴールです。人生のゴールは人それぞれです。他人と比べる必要はありません。そのゴールに大小も、凄いも凄くないもありません。あなたの望む人生のゴールです。あなたが幸せを感じればよいのです。自由に想像してみましょう。

20年後、夢や目標を達成したあなたは充実した毎日を送っています。理想のあなたは何を見て、何を感じて、何に触れて、何を考えているでしょう？

おそらく、病気の不安は微塵もないはずです。そう言われれば、昔よりずっと元気だし、まだまだこれからだという気持ちでいっぱいです。来週には海外へ大好きな家族と旅行へ行くかもしれません。大好きな人たちに囲まれ、毎日笑顔で過ごしています。これが、いまから20年後のあなたの姿です。その姿になりきってください。どうですか？　いま何が見えますか？　何が聞こえますか？　そして、何を考えていますか。

（2）20年後の理想のあなたになるための第一歩

この満ち足りた生活を送るために、現在からの5年間である（2）の期間、どんな一歩を踏み出していたのでしょう？　不安を感じながらその一歩を踏み出しているではないでしょうか。それでも、ひとつたしかなのは、20年後には夢や目標を叶えているということです。その第一歩を踏み出したあなたは、いま、何を見て、何を感じて、何に触れて、何を考えているでしょうか。

（3）理想のあなたになるための次のステップ

夢と目標を叶えることを決めたあなたは、その第一歩を進め、5年間が過ぎました。あと15年であなたの夢と目標が実現します。次の5年間、あなたは何をし、何を見て、何を聞き、何を感じているでしょう？　まだ、いまやっていることが本当に理想の自分に繋がるか不安もあるかもしれません。それでも、15年後にやってくる理想のあなたへ進んでいるはずです。あと少しです。

（4）理想のあなたになるための最後の10年間

この10年間、夢と目標を実現しているあなたを追い求め、あなたは色々なものを体験し、見て、聞いて、感じて、あらゆる物事を吸収してきました。もう少しです。あと10年すれば、あなたの思い描いた（1）の理想のあなたになります。この10年はとても大事です。あなたは、夢と目標を達成するために、何をして、何を見て、何を聞き、何を感じているでしょう？　かなり、あなたの思い描いた夢と目標が現実化してきているはずです。

(5) 理想を実現した自分を再度満喫する

この20年間少しずつ歩みを進め、あなたは夢と目標を達成しました。いま、夢や目標を達成したあなたは充実した毎日を送っています。理想のあなたは何を見て、何を感じて、何に触れて、何を考えているでしょう？　おそらく、病気の不安は微塵もないはずです。そう言われれば、昔よりずっと元気だし、まだまだこれからだという気持ちでいっぱいです。来週には海外へ大好きな家族と旅行へ行くかもしれません。大好きな人たちに囲まれ、毎日笑顔で過ごしています。どうですか？　いま何が見えますか？　何が聞こえますか？　そして、何を考えていますか。

(6) 理想を実現したさらに先にある自分が抱いている理想は？

20年間かけ、あなたは自分の目標を達成し、大変幸せで充実した毎日を送っています。ここで、あなたはさらに先にいる自分が「生きるうえでのミッション（使命、目的、役割、存在意義）」を見出しているかもしれません。自分の個人目標を達成したいま、あなたはその先に、何をして、何を見て、何を聞き、何を感じているでしょう？　あなたは、なんのためにこの人生を生きているのだろうかと。

（7）理想を実現した自分から見たいま現在の自分

いまあなたは、20年かけて理想の自分になっています。充実した毎日で幸せいっぱいです。さらに、その先、自分は何をするべきかというミッションもわかりました。そんなあなたが、これまでの20年を振り返り、原点の自分の姿を未来から見ています。いま、20年前のあなたの姿を見て何を感じるでしょう？　そして、負の連鎖に陥っている20年前のあなた自身に声をかけてあげてください。

「20年前のあのとき……。調子が悪いのに、周りのことばかり気にして、休まずに仕事を続けていたっけな……。たった数日休みを取るのに、なんであんなに悩んでいたんだろう？　休暇届を出したときの上司の顔ったら、私を睨みつけてたっけな。あの上司、いま、何をしてるのかな？　もう何十年も会ってないよな。あのときは上司に一生管理し続けられるような感覚だったよな。あのときは、あの状況が自分の全世界だったから、上司に全人生を支配されているような気持ちだったのかな。なんて視野が狭かったんだろう。いま考えると笑えるよな。こうして20年経って、大好きなことをして、毎日が楽しく過ごせているると考えると、あのときの苦しかったときも笑い飛ばせるな。そうだ、あのとき、勇気を持って休みを取ったからこそ、いまがあるのかもしれないな」

いま、目の前がどんなに苦しくても、あとから考えるとそんなものです。ただし、健康なくしては、理想のあなたになることはできません。その第一歩、休養を取り疲れを回復し、あなたの本当の夢と目標を見つめ直してください。いまのワークのように、あなたは必ず、理想のあなたになるはずです。そのためにもあなたの健康を維持してください。

## ④いま目の前の「今日休む」を俯瞰してみる

これまで、客観的に物事を見る重要性を何度か述べました。さらにこれから、客観的を超えて「俯瞰《ふかん》して」あなた自身の現状を見てみます。「俯瞰」とは「高いところから見下

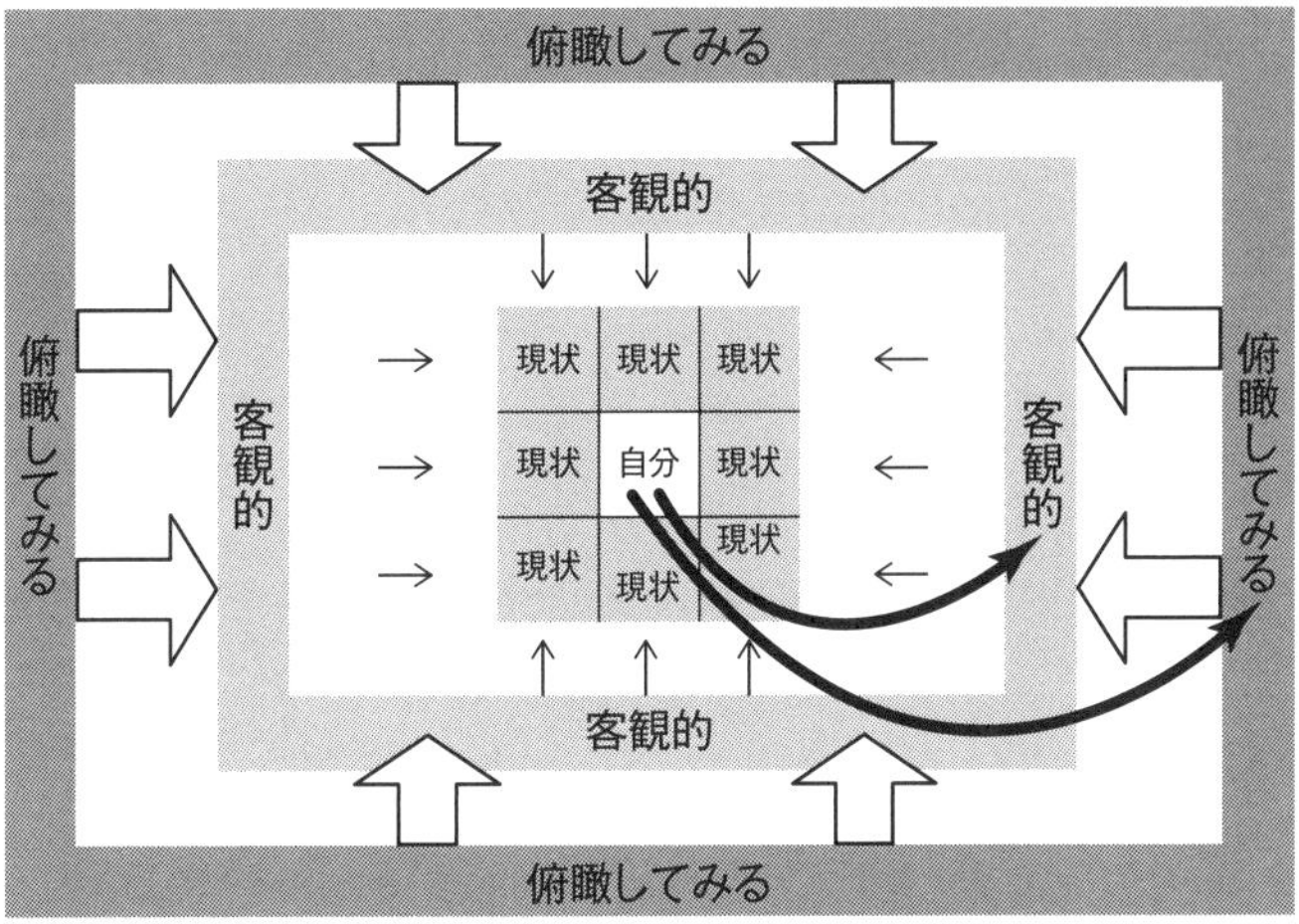

ろすように物事を見る」という意味です。

いまあなたは、現状にがんじがらめにされて生きています。表の真ん中に、現状に囲まれているあなたがいます。現状とは、実際の仕事であったり、人間関係、そしてこれまで述べてきた過去の記憶の集大成であるさまざまな「価値観」です。

しかし、その現状から一歩出て客観的に見ると、自分の本当の状況が見えてきます。まずは、いまの自分という自分から着ぐるみを脱ぐかのように、現状の外へ出てみてくださ い。そして外の位置から客観的に、現状に囲まれている自分を眺めてみるのです。

さらに、その客観的な位置からさらに外へ出て、まるで鳥にでもなった気分で、空のうえから眺めるかのように広い視野で、現状に囲まれて身動きできない自分を眺めてみてください。俯瞰的な立場になったとき、あなたの視野は全方向に広がります。どんな自分が見えますか？　どんなことが聴こえますか？　どんなことを感じますか？

この位置からは、日本全体を見渡すことができます。そして、日本中には数百万社の会社があることがわかります。よく見ると、数百万社の会社の中に、点のようなあなたの会社が見えます。さらに、あなたの会社を見ると、その中に支社があり、その中にたくさんの部門があるのが見えます。そして、その中の一部門の一部署の中で、もがき苦しんでいる点のようなあなたが見えるはずです。どのようなあなたが見えますか？

一方で、**俯瞰して見ると、こんなにも世の中が広く、あらゆる可能性が広がっていることを感じることもできるでしょう。**

同様に、先ほどのワークで20年後のあなたを体験しました。あなたの人生というタイムラインから見て、現状のあなたはどう見えますか？　あなたの人生から見れば現状は、長い人生というラインのうえの「点」のようなものです。現状という「点」を、人生というラインのうえに、そのまま伸ばし続けますか？　20年後に理想の生活を送っているあなたから見て、会社や同僚からの評価を気にして、体調を壊してまで働き続けようとしている現状のあなたはどう見えますか？

**あなたの人生はこれからも続きます。そして、あなた次第で未来はどのようにでもすることができます。**先ほどの表をもう一度見てください。表の真ん中で、あなたは現状に囲まれて身動きが取ずに生きています。それでも、あなたが心身ともに健康であれば、客観的に、そして俯瞰して自分の状況を見て、自分の立ち位置を修正する機会を得るかもしれません。しかし、体調が悪く、過去の価値観に押しつぶされて働くあなたは、ますます、現状にのめり込んでいきます。

だからこそ、潜在意識が持ち出す嫌な気分に負けない「強い意思」を持って休みを取るのです。**休みを取ることで、現状のど真ん中にいるあなたから、一歩外に出ることができ**

**ます。そして、100%のあなたに戻れるように回復に努め、再度あなたの人生を歩み始めればよいのです。人生というタイムラインから見れば、本当に一瞬のできごとです。**

あなたはなんのために人生を生きているのですか？　どのような人生にしたいですか？これからもあなたの奥にしまい込んだ過去の記憶（価値観）が、あなたに見えない力で、縛り付けてくるでしょう。しかし、あなたはいま、このメカニズムを理解し、これまで信じてきた価値観がなんであるかを理解しました。だからこそ、あなたは、必ずや「強い意思」を持って、その力に立ち向かうことができるはずです。

最終的には、**潜在意識が持ち出す嫌な反応に負けない「強い意思」こそがあなたの原動力です。**いまのあなたを大切に、健康を維持し、あなたの本当の人生の意味を知るために「強い意思」を持ってください。どうか、他人目線の刷り込みである価値観＝プログラムに流されず、あなたの未来のために健康を維持してください。

## この章のまとめ

・会社を休んでいる自分の姿をイメージする
・あなたの信念・価値観を表に引っぱり出し、疑問を投げかける
・何を実現するために仕事をしているのか深く考える
・私たち人間は、現在のできごとも、これからの未来についても、過去の記憶というフィルターを通して生きている
・理想とする未来への強い思い込みをもつ
・段階を踏みながら、理想の未来になりきる
・「あなたはなんのために人生を生きているのか？」を考える
・「どのような人生にしたいのか？」を考える
・長いスパンで自分の人生を客観的に見る
・自分の現在を俯瞰して見る
・潜在意識のメカニズムを意識し、「強い意思」を持って立ち向かう
・「強い意思」こそがあなたの原動力である

# 第6章

# 最後のブレーキ「会社の違法行為」を解決する

## 会社を休もうと決めたあなたの前に
## それでも立ちふさがる最後の壁

第5章までお読みになり、潜在意識の存在を意識すること、価値観＝プログラムを見直すだけでも、かなり心理的に軽くなった方もいらっしゃるかと思います。しかし、一方で、内容は理解できたけれど、それでも動けない方もかなりいらっしゃるかと思います。ここからは、あなたの前に立ちふさがる最後の壁の突破方法を進めていきます。

最後の壁とは**会社の違法行為**です。

労働の現場では、困ったことが昔から当たり前のようにまかり通ってしまっています。会社が勝手に法律を無視した独自ルールを作って経営を続けていることです。その結果、経営者でもない中間管理職的な立場に過ぎない労働者までもが、自分の部下に対して平気で違法行為を強いるようなことが起こっています。

一般的に経営の三要素は「ヒト・モノ・カネ」といわれています。経営者がこの中でいちばん扱いやすいと勘違いしているのが「ヒト」です。なぜなら、良い悪いは別にして、法律を知らない経営者にとって、いちばん柔軟性を持たせることができるのが「ヒト」だからです。経営側からすれば、社員を都合よく使うために、勝手にルールを作り命令すればいいわけです。社員はそれが違法であるかどうかもわからないし、もちろん文句を言わないし、国からの取り締まりもゆるすぎるため、いつまで経っても長時間労働・サービス残業は改善しないし、過労死もあとを絶たないという現実があります。2015年の痛ましい電通での過労死事件を機に、多少は国も本腰を入れ始めましたが、取り締まる労働基準監督官の人数はまったく足りません。

結果、いまでもこんな状況が続き、着地点が見えない状況です。こんなことが続くと、どんなにピュアな気持ちで働いていても、過去からの刷り込みである根深いこんなプログラムが起動するわけです。

・会社のルールに従うのが社会人というものだ
・会社に尽くすことが社会人としての責任だ
・会社に逆らったら生きていけない

いったい、会社のミッションとはなんなのでしょう? 実際の業務に入り込むと、周りが見えなくなり、現場の労働者レベルでも、法令違反を知らず知らずに犯すことで業務が成り立っているという最悪の状況になっているのが現実です。体調が悪くても休むどころではありません。あげくのはてには、こんなプログラムまで起動します。

・法律なんか私には関係ない
・どうせ法律なんか学んでも会社は変えられないよ
・労働基準法なんか守っていたら仕事にならない

あなたもこんな思考になっていませんか？　この章では、法律に対する心理的ブロックを外すことと、実際の違法行為に対する実務的対応を進めていきます。具体的には大きく3つのセクションに分けて最後の壁を崩しにかかります。「会社を休めないあなたから、休めるあなた」へ変化する最後のパズルのパーツを埋めていきましょう。

## 第1セクション～「当たり前」というプログラムを排除する

### ①あなたを最後に守ってくれるものは？

数年前、私はメーカーの工場に勤めていました。そこで私は、工場長の仕事があまりにひどかったので業務の改善を求めました。同じ職場の同僚たちにも意見を聞き、もれなく全員、工場長の仕事がひどいという意見で一致したので、行動を起こしたわけです。会議の席で、工場長の仕事に対する改善を求めました。ところが、意見を聞いて回ったときには同調していた同僚たちが、まったく私の改善要求に乗ってこないのです。会議室という空間の中で、私は完全に孤立し、まさに四面楚歌《しめんそか》の状態になりました。

後日、取締役人事部長に呼び出され、一方的に私の行動は非難され、結果、上司に反逆する要注意人物として他の部署へ異動が告げられました。そのときにその人事部長から放たれた言葉が「上司がどんなに間違っていようとそれに従うのが会社というものだ！」というものでした。

ようするに、業務改善のために行った主張が正しくても、上司に逆らったという事実が会社としてはいちばんの罪だということです。さらに、移った部署の上司から、要注意人物への対処方法なのでしょうか、精神的なパワハラを約5年間受け続けました。当時、わりと精神的には強いほうだと思っていた私でも、さすがに精神的にきつい時期でした。挨拶をしても無視されるだけではなく、会議でこの上司の意向の違った意見を言ったときは椅子を蹴飛ばされたりしました。そんな中、体調を崩して短期間の入院をしなければならなくなり、上司にその旨を告げようと別室に行ったとき、うれしそうな顔をしてこう言ったのをいまでも覚えています。「お前やっと会社を辞める決心がついたのか」と。

日本の会社に勤めている方は、少なからず私のような経験をしているのではないでしょうか。あるいは、ほとんどの人たちは、それを避けるために徹底的に空気を読み、流れに従うことのみを考えて仕事をしているのではないでしょうか?

いずれにせよ、長い目で見れば、会社にとっても従業員にとっても、これほど不幸なことはないかと思います。そんな状況では、会社の成長も、従業員の成長もクソもあったものではありません。事実、そんな会社の中で従業員ひとりひとりがその能力を発揮できるわけがありませんし、業績が伸びるわけもありません。

しかし、そんな状況で完全に精神的に参っていた私を救ってくれたものがありました。それは何か？　この精神的にきついどん底の私を救ってくれたのは上司でもなく、同僚でもなく、友人でもなく、それは**「法律の知識」**だったのです。

実は工場勤務時代から国家資格である「社会保険労務士」を取るべく勉強を始めていました。残念ながら知名度が低いのですが、社会保険労務士という資格は労働法・社会保険諸法令の専門家で、その目的は労使間の労務関係の調整・アドバイスという重要な役割を果たすことです。

当時異動やパワハラで精神的に非常に辛い状況の中、膨大な試験範囲、癖のある本試験に翻弄されながら、合格するまで6年という月日を要しました。それでも、この資格試験の勉強をしていたからこそ、精神的に崩壊せずに済んだのかもしれません。私はこの社会保険労務士の資格試験に合格することで、「法律に無知な一従業員」から法律の専門的知識を持った人間になったわけです。使用者側の義務・責任と、労働者としての正当な責任と権利を理解したことで、視点が完全に違うものなり、あれだけ辛かった精神的負担が一気に消え失せたのです。

つまり、**あなたが不要だと思っている法律の知識こそが、現時点、あなたを守ってくれる最強の味方だということです**。あなたの状況に愚痴を言い合ったり同情してくれる上司や同僚はたくさんいるかもしれません。しかし、悲しいことに、実際この人たちが、本当に窮地に陥ったあなたを助けることはないし、あなたを助けることもできないのです。

## ②違法かどうかすらわからない人が多い

体調が悪い。それでも会社を休むことができない。自分にストップをかけてくる過去のプログラム（価値観）の存在も理解したし、自分的にはそのプログラムを外すことができた……。しかし、どうしても会社の存在が怖い。だって、会社を休めばペナルティを課せられるかもしれないし、不要だと言ってクビになるかもしれない……。あなたにはいまだ、こんなプログラムがあるはずです。

「大丈夫です。そんなことは絶対ありえません」と言っても、おそらくあなたはそのプログラムから抜けだせないでしょう。なぜなら、何度も書いてきたように、ここでも潜在意識の現状維持機能が働くからです。**つまり、大丈夫だとわかっていても、外に出る恐怖反応があなたをどうしても止めてしまうわけです。**

では、どうするか。たとえばこのようなことを言われたとしましょう。

・うちの会社では有給休暇はありません
・うちの会社では連続3日以上の有給休暇は取ません
・繁忙期には有給休暇は認めません
・休んだら減給だ
・会社に逆らったらクビだ

「あなたの会社ではこのようなルールになっています」。このように言われたらどうしますか？　「会社のルールだから仕方ない。従います」という人がほとんどでしょう。では、いま挙げたような会社のルールは本当に正しいのか？　もちろん、すべて法律違反のルールです。それなら、会社に違法行為であると主張しますか？　ここでの問題を大きく3つ挙げます。

（1）会社のルールが違法かどうかわからない
（2）会社のルールが違法だとわかってもどうしてよいかわからない
（3）労働に関する法律違反の取り締まりが緩すぎる

まず、日本の企業に働くほとんどの人が（1）に該当します。そして恐ろしいことに会社側も（1）であることが少なくありません。つまり、労働者も会社側も、法律の知識がないために、会社のルールが「法律に沿った正しいものか?」という以前のレベルでルールがまかり通っているのです。だから、会社側も法律を知らずに都合のよいように社内ルールを作ってしまい、ある意味やりたい放題です。

しかし、一歩進んで、本を読んだり、ネットなどで検索し、法的な知識に少しでも触れるようになると、会社のルールが違反していることがわかります。ところが、会社にそれを指摘すれば会社における自分の立場が悪くなると不安になってしまいます。だから、どうすることもできず我慢してしまうあなたがいるわけです。それが（2）の状態です。

さらに、勇気のあるあなたは、違法行為に気付き労働基準監督署などに駆け込むかもしれません。ところが、圧倒的に人数の少ない監督官は簡単には動いてくれません。結果、重大な違反行為や事件性のあるできごとが起こったとき以外は、あなたのために対応をしてくれないという現状があります。それが（3）の状態です。

## ③会社のルールに疑問を持つ

そこでまずは、あなたの会社も違法行為をなんらかの形で行っている可能性があるという認識を持つことです。「失礼な」と言う方もいらっしゃるかもしれませんが、労使ともにある程度労働法を知らない限りは、違法行為をされても仕方ないという土壌に日本の会社は成り立っています。

財務の場合と対比すればとてもはっきりするかと思います。たとえば、会社によって毎年、または数年に一度税務調査が入ります。これをあえてごまかして10万円でもごまかそうとする会社はあるでしょうか？

一方で、日本の会社で10万円の残業代をごまかすのは非常に簡単です。それどころか、数百万円の残業代をごまかすのもたやすくできてしまいます。税務で数百万の脱税をしたらそれこそ新聞沙汰です。ところが、労働に関しては平気でこれが行われているということです。ようするに、国からの取り締まりの厳しさが税務と労務では天と地の差なのです。

もっと身近な話をすれば、仮に、あなたが経費をごまかして毎月2万円くすねていたことが発覚したとします。当然にあなたは犯罪者扱いを受け、下手をすれば懲戒処分になるわけです。もちろん、こんな行為は絶対にしてはいけませんが、たとえば月収26万円のあなたが毎日3時間サービス残業をさせられたとします。割増賃金も入れ時給に換算すると、2千円程度になります。月60時間程度のサービス残業をしたとすると、おそらく12万円相当になるはずです。年間で換算すれば140万円ものサービス残業です。つまり、会社は月に12万円もの労働対価をあなたに支払わず仕事をさせていることになります。ところが、こちらはあなたが会社の外に訴え出ない限り、絶対に表に出てきません。

もちろん、すべての会社がそうではありませんが、新聞報道などからうかがい知れるように、誰もが知っている有名企業でさえこうしたことが平気で行われています。つまり、日本の会社で働くということは、労務に関しては、無意識的に会社の違法行為に従ってしまっている可能性が大いにあるということです。

このような土壌であなたは働いているということを頭に入れ、そしてあなた自身の働き方にあなた自身が疑問を持つ必要があります。これまでの章で述べてきたような、価値観＝プログラムを意識化することと同じです。日々、疑問を持って仕事をすることがあなたの人生を守ることになります。

## 第2セクション〜最低限の知識を手に入れる

### ①有給休暇

有給休暇は、働く人が健康で文化的な生活を確保することを目的とした、国が会社に義務化している制度です。

これから挙げる会社による有給休暇の拒否理由は、追い詰められて労働相談にやってきた方々の事例で見受けられた、会社の違法ルールです。巻末の資料と併せて、このような会社の独自ルールがこの国では違法だということをまず認識しましょう。そして、あなたが健康で文化的な生活を送るために、あなた自身が強い意思を持って、休みを取ってくださいい。有給休暇は国が認めるあなたの権利であり、一会社や一上司の都合で拒否できるものではないことを強く認識してください。

## 会社が有給休暇を拒否するよくある理由

・うちの会社では有給休暇はありません
・うちの会社では連続3日以上の有給休暇は取れません
・うちの会社では連続10日以上の連休は認めません
・うちの会社では正月休みなどに有給休暇をつけてはいけません
・繁忙期には有給休暇は認めません（労働者の請求する時季に有給休暇を与えない）
・土日にくっつけて休んではいけません
・休んでばかりいる人は減給します
・きちんとした理由がなければ有給休暇は認めません
・パート、アルバイトには有給休暇はありません

労働者が有給休暇を申し出た場合は、会社はいかなる理由があっても拒否してはなりません。このような拒否理由が出てきたら全部違法行為です。繰り返しになりますが、この制度は労働者の安全で健康的な職業生活を送るために、国がすべての会社に義務付けたものです。これを先ほどのようなデタラメな理由で拒否すると、会社は罰則を科せられる場

合もあります。

ただし、覚えておくべき知識として、「時季変更権」というものがあります。これは、あなたが有給休暇を申請（指定）した日時を会社側が変更できるという権利です。あなたが有休届を出したときに、この時季変更権を拡大解釈して、有休を取らせようとしない会社があります。

ここで覚えておいてほしいことは、使用者に時季変更権があるからといって、使用者に有給休暇を拒否する権利があるというわけではないことです。あくまで使用者は「指定された日ではなくて他の日にしてくれ」と労働者に持ちかけることができるだけです。

この時季変更権が成立する条件として、あなたが休むことで「事業の正常な運営が妨げられてしまう」場合に限って、会社はあなたの有給休暇の日を別の日にすることができることになっています。この「事業の正常な運営が妨げられてしまう」という表現はあいまいですが、判例法理（後述）などを検証すると、「事業の規模、内容、当該労働者の担当する作業の内容、性質、作業の繁閑、代行者の配置の難易、労働慣行等諸般の事情を考慮して客観的に判断すべきである」とされています。ようするに会社側から見てこの文言はハードルが高く、単に忙しいくらいでは時季変更権は成立しないということを覚えておいてください。

もちろん体調も良く日程的に問題なければ、会社と話し合い、日程の調整をして休みを取るのがよいかと思います。あきらかにあなたの体調が悪い場合は、どんな状況であろうと「強い意思」を持って、休みを取ってください。年次有給休暇の詳細は巻末にまとめてあります。

その他にも、「会社を休む」ことに関する制度を巻末にまとめています。あなたの状況に合わせて、どのような制度があるか知識を深めてください。体調の具合によっては、休職などを検討する必要もあるかもしれません。その場合の生活保障もあります。この本では制度の紹介程度にとどまりますが、必要に応じてネットや問い合わせなどをして、あなた自身の知識として身に着けてください。さらに興味があれば、本やネットなどで知識を補充してみてください。このような知識をひとつひとつ深めることが、無意識的な違法の働き方から身を守る重要な武器になります。

## ② 解雇・雇い止め

「お前はクビだ！」

ほとんどすべての日本人が、これまでの人生で、テレビ、ニュース、雑誌、漫画、映画、会話などのなにげない場面でのこの脅し的な「お前はクビだ！」という決めゼリフを見聞きしています。その都度、あなたの記憶に強烈なプログラム（価値観）として無意識に刷り込まれているはずです。働くうえでこのプログラムは、徹底的にあなたの現状維持を図ります。

しかしそもそも、テレビドラマや漫画のように簡単に「クビ（解雇）」はできるものなのでしょうか？　２００８年に労働契約法というとても重要な法律が施行されました。労働契約に関する決まりというイメージを受けますが、この法律の制定の目的は「使用者と労働者の個別の労働紛争が増える中、民事的なルールを体系的にまとめて示す」ことにあります。

この労働契約法の大元になるものは、会社と労働者が民事的に争った過去の裁判例であり、それをガイドライン的にまとめたものがこの労働契約法です。

専門用語になりますが、「判例法理」というものがあります。裁判の判決の判断基準は「過去に行われた判決のための判断理由」が元になります。さらに過去の同じような裁判事例を集め要約していくと、ある程度同じような判断基準ができあがってきます。これを判例法理といいます。労働契約法はこの判例法理を条文にしたもので、「ここに書いてあることに反したことを行い、裁判になったときは会社の負けですよ」という国からのメッセージなわけです。

その労働契約法の中に、解雇に関する条文があります。いま説明したように、この条文は「判例法理」に基づいて作られたものです。つまり、この内容に反した解雇はすべて無効であり、労働者から訴えられ、裁判になったときは会社の負けになるから、そういう違法解雇はやめなさいということです。

重要な条文なので簡単に説明を加えます。この「解雇」という言葉は、これまで強烈な価値観として、あなたの職業生活上のあらゆる場面であなたの行動に規制をかけてきました。少し難しいですが、この条文の説明を読んで、解雇に関する正しい知識を認識してください。**このような知識があると、客観的な立場から、自分の状況を見ることができるようになります。**そして、これまであらゆる媒体から刷り込まれてきた解雇に対する古い価値観を、正しい知識で上書きしてください。

労働契約法　第16条（解雇）

解雇は、客観的に合理的な理由を欠き、社会通念上相当であると認められない場合は、その権利を濫用したものとして、無効とする。

この条文はもちろん、使用者（会社）に向けて書かれた条文です。ポイントは「客観的に合理的な理由」と「社会通念上相当である」というふたつの言葉です。

・客観的に合理的な理由……第三者の誰から見ても「道理や論理にかなっている」理由であること

・社会通念上相当である……社会で一般的に受け入れられている常識や見解で考えればそのとおりであるということ

つまり、会社があなたに、クビと言ってきた場合、あなたの関係のない第三者がその解雇の理由を聞いて、理由が至極当然であり、道理にかなっていて、かつ、常識的に考えても仕方ないと思えるくらいでなければ、その解雇は無効だという趣旨のものです。

あなたのことが気に入らないから、成績が悪いから、逆らったから、言うことを聞かないから、ミスが多いから、協調性がないから、会社が赤字だから、休んでばかりいるからという程度では、合理的な理由及び社会通念上相当とは認められません。もし、その程度の理由で解雇をされた場合、裁判を起こせば、裁判官はこの条文を参考にして、過去の裁判例を見ながら「解雇は無効だ」という判断を下すということです。

ようするに、テレビや映画で出てくる「お前はクビだ！」は、ほとんどのケースで現実的には、ありえないということです。実際行われたとしても、あなたが「強い意思」を持って立ちあがれば、ほとんどがその解雇は無効になるということです。ましてや、経営者でもない上司が「お前は不要だ」なんて言う権限はまったくないので、精神的に苦痛に思う価値もないと思います。

もちろん、この解雇に関する刷り込みは強烈なので、無意識的に身体に嫌な反応が出るかと思います。しかしこうした知識を持っているだけでも、精神的苦痛は和らぐでしょう。

### ③休んでも給料は下げられない

また、「会社に逆らうと給料をはじめ待遇を悪くされる」という刷り込みがあります。しかしこれも「解雇」同様に、会社が勝手に労働条件を下げることが禁止されています。労働法の大元である労働基準法にもこの件は明記されていますが、より現実的な根拠条文として、労働契約法の条文を記します。わからないまでも読んでみてください。ポイントはやはりそこに使われている「合意」「合理的」という言葉です。

「合意」とは、当事者双方の意思が一致すること。「合理的」とは、先ほど「解雇」の箇所で述べたものと同じです。合意なく、しかも合理的でなくては会社が勝手に給料をはじめ待遇を引き下げることはできません。ましてや、使用者（経営者）でもないあなたの直属の上司が「お前の給料下げるからな！」などと言っても通用しません。

完全に法律を理解することはかなりの労力を要しますが、ある程度の意味を知っているだけでも、あなたのプログラム（価値観）を書き換える強力な武器になるはずです。

**労働契約法第八条**
**労働者及び使用者は、その合意により、労働契約の内容である労働条件を変更することができる**

つまり、合意のない労働契約（労働条件）の変更はできないし、無効だということです。あなたがＯＫを出さず、一方的に押し付けられた変更は無効であるということです。

労働契約法九条
使用者は、労働者と合意することなく、就業規則を変更することにより、労働者の不利益に労働契約の内容である労働条件を変更することはできないつまり、労使ともに合意することなく就業規則や労働契約を変更することはできないし、万が一、合意なく決められたのであればそれは無効だということです。

### ④会社の安全配慮義務

労働契約法第五条

使用者は、労働契約に伴い、労働者がその生命、身体等の安全を確保しつつ労働することができるよう、必要な配慮をするものとする

会社には労働者に対する安全配慮義務というものが重く課せられています。会社は労働者と契約し労働者を働かせている時間、その人の健康・安全をしっかり管理し事故や病気が発生しないように管理する責任があります。

安全配慮と聞くと、事故の防止策などが浮かびますが、心の状態も含めた健康問題もこの安全配慮義務の大きな内容のひとつです。あなたがなにげなく毎年受けている健康診断や、近年追加されたストレスチェックもこの一環で行われています。働いている時間にお

いて、会社はあなたの安全と健康を預かっているのだから、十分に働く環境を整えなさいということです。

事故はもちろん、職場で鬱病など健康問題が続出するような会社は、この安全配慮義務に違反しているといえます。たとえば、直属の上司がパワハラで部下を追い込み、部下が鬱病になるようなことがあれば、これは会社の問題であり、このパワハラ上司を正し、働きやすい環境を整える義務が会社にはあるのです。

実はこの安全配慮義務、国が最も重要視している論点のひとつで、長時間労働や過労死の問題も最終的にはこの安全配慮義務に直結する問題なのです。耳にする機会の多い過労死ラインの100時間というのも、長時間労働の結果、健康を損なってしまうことがいちばんの問題で、最終的には命の問題に結びつくわけです。

この本は、こうした安全配慮義務に対する警鐘《けいしょう》も含めて書いています。あなたが会社で働くということは、その契約時間において、あなたの命の一部を仕事に捧げるということです。あなた自身ももちろんだし、あなたを預かる会社もあなたの健康・命を常に頭に入れ、働きやすい環境を整えるのが会社の義務というものです。これを無視して、従業員の健康や安全を損ねる会社には、労働法の中でも非常に重い罰則が科せられます。それだけ安全配慮義務というのは、非常に重要な項目なのです。

## 第3セクション〜専門家に相談する

### ①違法行為についての相談先

それでも、中には非常にタチが悪い会社が相当数存在します。いわゆるブラック企業です。このような会社には、法律も論理も通用しないこともあるわけです。そんな会社にあなたは「強い意思」を持って、立ち向かわなくてはならないかもしれません。残念ながら周りの上司、同僚はなにもしてくれないでしょう。それでも、ひとりで立ち向かわなくてはなりません。

仮に、あなたがいま、会社の違法行為に呑み込まれているのであれば、本当に辛い状況だと思います。何度も書きましたが、渦中の中にいるあいだは、まったく余裕を持って自分を見つめ直すことは困難です。そもそも、法的知識のないあなたは何が違法で、何が問題なのかわからないかもしれません。とにかく、体調は悪いし、追い込まれていて辛い思いをされているはずです。しかし、そんなときこそ、渦中の中の自分の中から抜けだし、客観的な状況の立ち位置に自分を移さなければなりません。

**そのいちばんの方法は、自分で考え込まず、本当に解決能力のある人、もしくは解決能力を持っている外部組織に相談することです。**間違っても、同僚や上司に相談をしてはいけません。必ず、解決能力のある人、もしくは解決能力のある外部組織に相談することが肝心です。

ここでは、あなたの状況と目的により、大きく3つの相談先を使い分けます。それぞれメリットとデメリット、そして何を解決したいのかを明確にしたうえで、相談に出向くべきでしょう。

しかし覚えておきたいこととして、多くの相談機関は話を聞いてはくれますが、その機関が真の解決へのノウハウを持っていない場合もあります。相談員の態度や対応能力に少しでも疑問を感じたら、必ず別の相談機関にも出向いてください。近年、病気においても、セカンド・オピニオンが当たり前になっています。あきらかに対応に納得がいかない相談機関や相談員にあたってしまったら、意見は参考までに聞き、別の相談機関や相談員にコンタクトを取り、自分を本当に助けてくれそうな相談機関や相談員を見つけてください。そのような行動を重ねていくことで、少しずつですが現状を客観的に見られるようにもなります。

## （1）労働基準監督署をはじめとする役所・無料相談窓口

【労働基準監督署】

労働基準監督署は、相談というよりも、すぐにでも違法を取り締まり指導してもらうという目的で動いてもらう場所です。ただし、労働基準監督署を動かすには、結構な知識や証拠が必要となります。

ポイントとしては、労働基準監督署の取り締まりは「労働基準法」「最低賃金法」「労働安全衛生法」の違反がメインという点です。労働基準法違反を明確に伝えられ、証拠も出し、労働基準監督署が悪質だと判断して、はじめて動きだします。労働基準監督署が動きだした場合、多くの会社にとっては非常に大きなインパクトになるはずです。なぜなら、彼らには、警察権があるからです。電通の過労死問題も、労基署が送検したからこそ、大きなインパクトがあったのだと思います。

一方で、デメリットが何点かあります。ひとつ目は、違反している内容の明確な説明と、しっかりとした証拠が用意できなければなかなか取り扱ってくれないという点です。しかもその違反の範囲は先ほどの「労働基準法」「最低賃金法」「労働安全衛生法」にあるため、これをベースに監督官に説明するには、ある程度の法知識が必要だということです。

ふたつ目のデメリットは、労基署の指導はあくまでも「労働基準の最低ライン」を守ることにある点です。つまり、「労働基準法違反」を超えた民事的な相談までは受け付けないという点です。時間外残業の違法は取り締まりますが、その後の未払い残業代支払いなどの民事的な問題になると深くかかわりません。あと、パワハラやセクハラも同様に労働基準法では深く扱いませんのでご注意ください。

最後のデメリットは、労働基準監督官の数が圧倒的に少ないという点です。そのため、重要な案件しか取り扱えない致命的な問題があります。

これらのメリット・デメリットをふまえると、労働基準法などの知識がない場合は、以降に挙げる相談先に相談してから、労働基準監督署へのアプローチを考えるのがよいかと思います。

【都道府県の労働相談窓口】

都道府県労働局が設置している相談窓口です。こちらは、労働基準監督署よりも幅広く、解雇、雇い止め、配置転換、賃金の引き下げ、募集・採用、いじめ・嫌がらせ、パワハラなどのあらゆる分野の労働問題の相談に乗ってくれます。混んでいなければ予約も不要ですし、無料で専門の相談員が一対一で対応してくれます。ただしここにもデメリットがあります。

いちばんのデメリットは、あなたの状況を完全に解決するまでのフォローまでは難しいという点です。状況によっては、労働基準監督署に取り次いでくれたり、都道府県労働局長の名前で会社に助言指導をしてくれたりします。ただし、その助言指導も強制力まではないため、本当に悪質な会社を変えることはとても難しい点です。

ここを活用するいちばんのメリットは、**自分の状況をまずは確認できる**という点にあるかと思います。そのように割り切って相談に行くのであれば利用価値のある相談窓口になります。ただし、無料の相談員だけに、そのスキルがばらついていたり、対応がいまひとつの相談員がいることも事実です。いまひとつの相談員にあたってしまったら、日を改めて違う相談員に相談するのも手かもしれません。

### (2) 個人加入できる労働組合(ユニオン)

労働組合というと、あまりイメージがよくないかもしれませんが、これも過去の刷り込みです。ここであなたが足を運ぶべきは、あなたの会社の労働組合ではなく、「ユニオン」と呼ばれる**外部の労働組合**です。あなたの会社に労働組合があろうとなかろうと、あなたは個人でこのユニオンに加入することができます。

加入することで、ユニオンのメンバーが相談から解決までしっかりサポートしてくれます。そして、なんといってもいちばん強力な点は、**「労働組合法」という法律で保証された団体交渉が可能になるという点です。**会社の中にいるあなたは、ひとりぼっちで悩み追い込まれていますが、ここに加入することで、ユニオンのメンバーが仲間となって、直接会社と団体交渉をし、あなたと一緒に問題を解決するために全力を尽くしてくれます。

会社と交渉をするなど大それたことだと最初は二の足を踏むかもしれません。しかし、国が認めているこの団体交渉権により、あなたは仲間と一緒に、会社の違法行為に堂々と立ち向かい解決するという貴重な体験をすることができます。これは、あなたの生涯のキャリアにおいても貴重な体験となり、視野も格段に広くなることでしょう。

この団体交渉は、他の相談機関にはできないことで、会社そのものを根本的に変えることができる可能性を唯一持っています。さらにもうひとつのメリットは、弁護士などの専門家とも連携しており、あなたの力強い味方になってくれる点です。もちろん、あきらかな法違反については、労働基準監督署への連携もしてくれます。そのうえで、労働基準監督署が動き、大きな流れになったという事例は数知れません。

## （3）弁護士などの専門家

最終的に会社と争う意思があれば、弁護士に相談するという方法もあります。ただし、気を付けなければならない点があります。弁護士でも「労働問題を扱っている労働者側の弁護士」に相談しなければいけません。

実は、そもそも弁護士は労働法の専門ではありません。単に近所の弁護士ということで連絡を取ったら「過払い金専門」の弁護士だったりします。残念ながらその方に相談しても専門外なのであなたの力になりません。

また、「企業側の弁護士」という立場を取っている弁護士が多数います。この方たちのスタイルは完全に企業側の味方なので、この方たちに相談しても思うような解決には至りません。

もう一度言います。あなたが相談するのは「労働問題を扱っている労働者側の弁護士」です。メリットは、やはりしっかりサポートしてくれる点です。デメリットはふたつあります。ひとつ目は費用がかかる点、ふたつ目は裁判になると時間がかかる点です。しかし、あなたの状況によりあきらかに会社に違法があれば、きっちりその点は解消してくれます。最初は無料相談をやっている弁護士がほとんどかと思います。まずは、相談することが第一です。

### （4）NPO法人への相談

非営利での社会貢献活動や慈善活動を行う市民団体であるNPO法人も心強い相談相手です。労働相談、生活相談、生活保護、奨学金などに関して専門のスタッフが親身に相談に乗ってくれるほか、あなたの状況によっては、ユニオンや専門家への紹介なども行ってくれます。ある意味、お役所や弁護士等の専門家よりも敷居が低いので、気軽に問い合せしてみてください。

相談以外にも、NPO法人が主催する初心者向けの労働法セミナーや慈善活動に参加することで、あなたの視野も広がり、あなた自身の現在を客観的に見る機会を得るかもしれません。巻末で一部のNPO法人を紹介していますので、ネットなどで検索し、自分の状況にあった団体の扉を叩くことをおすすめします。

## ②解決法はひとつではない

この章では法的知識とその対処法のさわりを述べました。しかし、実際にこのような行動に出るには相当重い心理的ブロックがあるかと思います。たとえば、法に訴えて本当に解雇は無効になるのか？　無効という判決が出たとしても、職場に戻りにくいし、戻っても変な目で見られるなど、考えてしまうと思います。そんなあなたにもう一度質問です。

**結局、あなたは自分の人生をどうしたいのですか？**

この本でいちばん強調したい点はまさにここにあります。

中には本当に違法な会社や職場があるわけです。労働基準監督署から何度も是正勧告されても、違法行為を正さず、ごまかそうとする会社も多々あるのも事実です。万が一、あなたがそのような場所に身を置いているのであれば、そこから立ち去るという「強い意思」もときには必要かと思います。

悩んで体調を悪くするくらいなら、「強い意思」を持って、先ほどの相談機関にすぐに出向いてください。**何度も言うように、相談することでがんじがらめに縛り上げられた現状から一歩外へ出ることができます。視点を外に移すと、あなたには見えなかった、色々な解決法があるものです。**

## この章のまとめ

- 会社のルールに疑問を持つ
- 「法律なんか役に立たない」という刷り込みを排除する
- 法知識を少しずつでも身に着ける
- 知識を持つことがあなたの立ち位置を変える
- 苦しい状況から抜けだすために解決能力のある相談先に相談する
- 全ての行動はあなたの「強い意思」次第

# おわりに

最終的に相談窓口にやって来る労働相談者のほとんどが、心身ともに相当追い込まれた状態です。そのほとんどの相談者に共通することは、みんな一様に誠実で真面目な方ばかりだという点です。ケースは様々ですが、会社の業績のために、自分のキャパシティ以上に頑張ってしまったという人たちばかりです。

うつ病をはじめ、一度、心身のトラブルを抱えてしまうとその回復には相当な時間を要してしまいます。人生の中の貴重な時間をこのようなことでロスしてしまうことは、実にもったいないことです。人間とは不思議なもので、健康なときにはその重要さは分からず、このように心身のトラブルを抱えて初めて健康の重要さを認識するものです。

これは、他人に対しても同じで、誰かがトラブルを抱えていても思い遣ることはとても難しいし、自分にも同じ可能性があると感じることは困難であるようです。

本書は、「休養を取ることの大切さ」をテーマにあげ、何よりもあなた自身の健康の大切さに気付いてもらいたい、そして事前に気付くことで、最悪の事態を避けてもらいたいという思いを込めました。本当に自分の健康な職業生活を全うするためには、大きな制度や組織に身を任せているだけでは無理だということを、改めて伝えたいと思います。

そこには、自分と向き合い、自分の「強い意思」を持ち、自分の人生をコントロールする力を持つことが絶対条件だと思います。

人生を生きていく以上、他者との関わりを避けることはできません。その中で、大きな制度や組織、そして、他人に振り回されない「強い意思」を持つこと。同時に、利己的にならず、どうか、自分の人生を軸とした生き方を見つけ、実践していってもらいたいと思います。

最後に、この本を手に取って頂きここまでお付き合い頂いたあなたに対して、感謝と共に、健康で幸せな人生をお祈りし、筆を置きたいと思います。

２０１９年１月19日　自宅にて

志村和久

# 会社を休むための制度（1）

## ● 年次有給休暇

| | |
|---|---|
| 規定 | 労働基準法第39条 |
| 要件 | ①入社から6か月間継続勤務＋②その期間の全労働日の8割以上出勤 |
| 許可・承認 | 使用者の許可や承認は不要…有休を取る旨を請求することで成立（事前申請）<br>突発的な病気、怪我など突発的などは就業時間前までの請求で可 |
| 拒否 | 有給休暇の拒否はできない |
| 時季変更権 | 業務上重大な支障が考えられる場合、有給休暇の日時を変更する権利<br>（第6章参照） |
| 計画的付与 | 年次有給休暇のうち、5日を超える分について、労使協定を結べば、<br>計画的に休暇取得日を割り振ることができる |
| 長期かつ連続した休み | 使用者の業務計画、他の労働者の休暇予定等との事前の調整を<br>図る必要性が生ずるのが通常 |
| 義務 | 年10日以上の年休権が発生する労働者に対し、そのうち5日を発生日から<br>1年以内に、時季を定めて有給休暇を取得しなければならない<br>（2019年4月1日から施行） |
| 罰則 | 企業が従業員に有給休暇を与えなかったり取得拒否すると労働基準法違反と<br>なり、「6ヶ月以下の懲役又は30万円以下の罰金の罰則」が科せられる |
| 参考 | 厚生労働省「有給休暇ハンドブック」<br>https://www.mhlw.go.jp/new-info/kobetu/roudou/gyousei/kinrou/dl/040324-17a.pdf |

【付与日数】

| 勤続年数 | 0.5年 | 1.5年 | 2.5年 | 3.5年 | 4.5年 | 5.5年 | 6.5年 |
|---|---|---|---|---|---|---|---|
| 付与日数 | 10日 | 11日 | 12日 | 14日 | 16日 | 18日 | 20日 |

※週所定労働時間が30時間未満のパートタイム労働者の場合

| 週所定労働日数 | 年間所定労働日数 | 勤続年数 | | | | | | |
|---|---|---|---|---|---|---|---|---|
| | | 0.5年 | 1.5年 | 2.5年 | 3.5年 | 4.5年 | 5.5年 | 6.5年 |
| 1日 | 48〜72日 | 1日 | 2日 | 2日 | 2日 | 3日 | 3日 | 3日 |
| 2日 | 73〜120日 | 3日 | 4日 | 4日 | 5日 | 6日 | 6日 | 7日 |
| 3日 | 121〜168日 | 5日 | 6日 | 6日 | 8日 | 9日 | 10日 | 11日 |
| 4日 | 169〜216日 | 7日 | 8日 | 9日 | 10日 | 12日 | 13日 | 15日 |

## ・ 会社を休むための制度（2） ・

### ● 休職制度

| | |
|---|---|
| 規定 | 就業規則（会社ごとの規定）…法律上の規定はなし |
| 参考 | 厚生労働省「メンタルヘルス対策における職場復帰支援」<br>https://www.mhlw.go.jp/new-info/kobetu/roudou/gyousei/anzen/dl/101004-1_0001.pdf |

**Q1　休職とはどのような制度？**

私傷病など自分の都合で会社を長期的に休むことをいいます。就業規則で決められた範囲で休むことになり、会社を辞めずに復帰できることが前提となっているため、安心しながら休養に励める制度です。

**Q2　休職期間は法律で決められたもの？**

休職制度については必ず定めなければならないと法律で決められているものではありません。会社ごとに上限が設定されています。就業年数によって休職期間に差を設けている企業が多いようです。休職制度がない会社や試用期間や勤続が１年未満の社員は休職制度の対象外の会社もあります。

**Q3　休職期間は延長できる？**

これも就業規則の定めによります。多くの場合、主治医の診断書等で必要とされた期間を休職期間とするのですが、復職までにもう少し療養が必要な場合は、会社との話し合いになります。

**Q4　休職期間が満了になったら退職になる？**

業務上の傷病とは異なり、私的な病気やケガを理由とする休職の場合には、法的な雇用保障はありません。休職期間が満了しても復職できないときは、退職とする場合と解雇になる場合があります。

**Q5　休職したら会社から手当が出る？**

休職した場合の給与については、これも就業規則にどのように定められているかによって変わってきます。一切支給されない会社もありますし、一定期間（1ヶ月～半年くらい）は満額、その後徐々に減っていき、最終的に無給になるという会社もあります。給与が支給されない場合は加入している健康保険から「傷病手当金」が申請することで支給されます（傷病手当金については別項目参照）。

**Q6　休職に入るときの手続きは？**

多くの会社では医師の診断書と一緒に休職願を提出します。事前に会社の規定を調べておきましょう。

**Q7　休職中の社会保険の扱いはどうなる？**

休職中も社会保険料は免除にはなりません。社会保険料とは、健康保険、厚生年金の保険料です。会社の制度によりますが、休職中にも給与が出る場合はそこから控除、給与がでなくなってからは会社から保険料を徴収されことになります。

**Q8　休職から復帰する際の手続きは？**

休職の事由が消滅したかどうかは、本人が主治医の診断書などを提出するほか、産業医や会社の指定する医師の面談で会社が判断します。復職が可能と判断された場合は、一定期間勤務時間を短縮する時短勤務や残業の制限などの就業制限を実施しながら少しずつ職場に慣れていくようにする職場が一般的です。

## 業務外での病気やケガをした場合の補償

### ● 傷病手当金

| | |
|---|---|
| 規定 | 健康保険法 |
| 参考 | 全国健康保険協会「傷病手当金（病気やケガで会社を休んだとき）」<br>https://www.kyoukaikenpo.or.jp/g3/cat310/sb3040/r139 |

**Q1　有給休暇がなくなり、さらに業務外の病気やケガの療養のため会社を休む場合の生活補償はある？**

病気やケガで会社を休んだときは傷病手当金が受けられます。傷病手当金は、病気休業中に被保険者とその家族の生活を保障するために設けられた制度で、被保険者が病気やケガのために会社を休み、事業主から十分な報酬が受けられない場合に支給されます。

**Q2　傷病手当を受ける条件は？**

次の（1）から（5）の条件をすべて満たすときに支給されます。

（1）健康保険の被保険者であること

（2）業務外の事由による病気やケガの療養のための休業であること

（3）業務外の事由による病気やケガの療養のため仕事に就くことができないこと

（4）連続する3日間を含み4日以上仕事に就けなかったこと

※仕事を休んだ日から連続して3日間（待期）の後、4日目以降の仕事に就けなかった日に対して支給されます。待期には、有給休暇、土日・祝日等の公休日も含まれるため、給与の支払いがあったかどうかは関係ありません。また、就労時間中に業務外の事由で発生した病気やケガについて仕事に就くことができない状態となった場合には、その日を待期の初日として起算されます。

（5）休業した期間について給与の支払いがないこと

※業務外の事由による病気やケガで休業している期間について生活保障を行う制度のため、給与が支払われている間は、傷病手当金は支給されません。ただし、給与の支払いがあっても、傷病手当金の額よりも少ない場合は、その差額が支給されます（任意継続被保険者である期間中に発生した病気・ケガについては、傷病手当金は支給されません）。

**Q3　傷病手当はどれくらいの額、期間もらえる？**

①金額…おおよそ日給の3分の2相当額

《1日当たりの金額》

【支給開始日の以前12ヵ月間の各標準報酬月額を平均した額（※）】÷30日×（2/3）

※会社からの給与や出産手当金や障害年金などが支給されている場合はその差額

②期間…同一の傷病について、支給を開始した日から最長1年6ヵ月間。

**Q4　業務上のケガや病気の場合も傷病手当金を受け取れる？**

業務上（仕事の上での）ケガや病気の場合は、受け取れません。

この場合は労災から支給されます。

## 業務上での病気やケガをした場合の補償

### ● 労働災害補償（労災）

| | |
|---|---|
| 規定 | 労働者災害補償保険法 |
| 認定 | 業務上ケガや病気になったとき、指定の書類を提出し、労働基準監督署が認定 |
| 参考 | 厚生労働省「労働災害が発生したとき」<br>https://www.check-roudou.mhlw.go.jp/law/rousai_roudousya.html |

労災とは、業務中や通勤時にケガや病気になった際に、労働者を補償するために作られた制度です。会社は業務を行うために労働者を預かることになります。そこには時間管理だけでなく、労働者の安全・健康・生命の確保という重要な責任が発生します。会社は労働者が業務中にケガや病気になったときのために労災保険に加入することになっています。

**【労災の重要ポイント】**

(1) 業務上のケガ及び病気であること
　・業務遂行性：ケガや病気をしたときに仕事をしている状態だったかどうか
　・業務起因性：その怪我や病気が、その仕事をしていたことが原因で生じたといえるかどうか
　→以上を基に労働基準監督署が認定
(2) ケガや病気に対する治療費がかからない
(3) 休業中の生活保障
(4) 労災認定の期間中は解雇できない

**【労災の保険給付（一部）】**

①療養補償給付

| | |
|---|---|
| 規定 | 業務上の事由又は通勤による負傷や疾病による療養のため<br>休業4日目からその期間中支給 |
| 参考 | 厚生労働省「療養（補償）給付の請求手続」<br>https://www.mhlw.go.jp/new-info/kobetu/roudou/gyousei/rousai/dl/040325-14.pdf |

②休業補償給付

| | |
|---|---|
| 規定 | 業務上の事由又は通勤による負傷や疾病による療養のため<br>休業4日目からその期間中支給 |
| 参考 | 厚生労働省「休業（補償）給付・傷病（補償）年金の請求手続き」<br>https://www.mhlw.go.jp/new-info/kobetu/roudou/gyousei/rousai/dl/040325-13.pdf |

## ・出産・育児に関する休みと生活補償・

### ● ①産前産後休暇

| | |
|---|---|
| 規定 | 労働基準法＆健康保険法 |
| 休業補償 | 出産日以前42日（多胎の場合は98日）＋出産日後56日 |
| 生活補償1 | 出産育児一時金…42万円 |
| 生活補償2 | 出産手当金…標準報酬日額の3分の2に相当する金額 |
| 参考 | 厚生労働省「あなたも取れる！産休＆育休」<br>https://www.mhlw.go.jp/bunya/koyoukintou/pamphlet/dl/31.pdf |
| | 厚生労働省「出産育児一時金の支給額・支払方法について」<br>https://www.mhlw.go.jp/stf/seisakunitsuite/bunya/kenkou_iryou/iryouhoken/shussan/index.html |
| | 全国健康保険協会「出産で会社を休んだとき」<br>https://www.kyoukaikenpo.or.jp/g3/cat315/sb3090/r148 |

※産前産後休暇については休業補償は労働基準法、生活保障は健康保険法で補償

### ● ②育児休業

| | |
|---|---|
| 規定 | 育児・介護休業法＆雇用保険法 |
| 休業補償 | （原則）産後休暇後～子が1歳に達する日まで<br>（延長）子が1歳6か月に達する日まで<br>（再延長）子が2歳に達する日まで |
| 生活補償 | 育児休業給付金…育休を始めてから180日までが育休前の給料の水準の67％、それ以降は50％ |
| 参考 | 厚生労働省「Q&A ～育児休業給付～」<br>https://www.mhlw.go.jp/stf/seisakunitsuite/bunya/0000158500.html |

※育児休業については休業補償、生活保障共に雇用保険法で補償（ハローワーク問い合わせ）

## ・介護に関する休みと生活保障・

### ● 介護休業

| | |
|---|---|
| 規定 | 育児介護休業法 |
| 期間 | 支給対象となる同じ家族について93日を限度に3回までに限り支給 |
| 生活補償 | 休業開始時賃金日額×支給日数×67％…詳細は下記厚生労働省Q&AのQ6を確認 |
| 参考 | 厚生労働省「Q&A ～介護休業給付～」<br>https://www.mhlw.go.jp/stf/seisakunitsuite/bunya/0000158665.html<br>上記Q&Aを参考に、不明点は勤め先管轄のハローワークへお問い合わせください |

※法改正により内容が変更される場合がありますので、順次最新情報を確認ください。

# 違法行為に対する相談先

※連絡先などの情報は 2019 年 2 月現在のものです。

## 行政機関に相談する

労働基準監督署
https://www.mhlw.go.jp/stf/seisakunitsuite/bunya/koyou_roudou/roudoukijun/location.html

労働相談窓口
https://www.mhlw.go.jp/general/seido/chihou/kaiketu/soudan.html

## 労働組合に相談する

総合サポートユニオン
http://sougou-u.jp/
TEL：03-6804-7650
Mail：info@sougou-u.jp

ブラック企業ユニオン
http://bku.jp/soudan/
TEL：03-6804-7650
MAIL：soudan@bku.jp

ブラックバイトユニオン
http://blackarbeit-union.com/
TEL：03-6804-7245
MAIL：info@blackarbeit-union.com

エステ・ユニオン
http://esthe-union.com/
TEL：0120-333-774
MAIL：info@esthe-union.com

介護・保育ユニオン
http://kaigohoiku-u.com/
TEL：03-6804-7650
MAIL：contact@kaigohoiku-u.com

私学教員ユニオン
http://shigaku-u.jp/
TEL：03-6804-7650
MAIL：soudan@shigaku-u.jp

裁量労働制ユニオン
http://bku.jp/sairyo/
TEL：03-6804-7650
MAIL：sairyo@bku.jp

コミュニティ・ユニオン全国ネットワーク
http://cunn.online/
TEL：03-3638-3369

日本労働組合総連合会（連合）
https://www.jtuc-rengo.or.jp/
TEL：0120-154-052

全国労働組合総連合（全労連）
http://www.zenroren.gr.jp/jp/
TEL：0120-378-060

全国労働組合連絡協議会（全労協）
http://www.zenrokyo.org/
TEL：0120-501-581

## 弁護士に相談する

ブラック企業被害対策弁護団
http://black-taisaku-bengodan.jp/

日本労働弁護団
http://roudou-bengodan.org/
TEL：03-3251-5363

過労死 110番
https://karoshi.jp/
TEL：03-3813-6999

## NPOに相談する

NPO法人 POSSE
http://www.npoposse.jp/
TEL：03-6699-9359
Mail：soudan@npoposse.jp

NPO法人サポートセンター・もやい
http://www.npomoyai.or.jp/
TEL：03-6265-0137
Mail：info@npomoyai.or.jp

NPO法人 ほっとプラス
http://www.hotplus.or.jp/
TEL：048-687-0920
Mail：hotplus@citrus.ocn.ne.jp

**志村和久**（しむら・かずひさ）

はたらき方改善ナビゲーター

メーカーの社員として中小零細から大企業まで1200社以上の取引先と接し、多くの違法現場を目の当たりにする。自身も直属の上司から数年にわたりパワハラを受けるが、独学で社会保険労務士試験に合格し、労働環境をみずから改善。実体験から心理面でのフォローの重要性を感じ、実践的心理学であるNLP（神経言語プログラミング）マスタープラクティショナーを取得。会社員として働くかたわら、NPO法人POSSEにて年間120件以上の労働相談および団体交渉の支援を行い、実務面の解決と心のケアに携わっている。

**頑張《がんば》りすぎるあなたのための会社《かいしゃ》を休《やす》む練習《れんしゅう》**

2019年4月15日　第1刷発行

著　者　志村和久《しむらかずひさ》
漫　画　らおや
装　丁　細田咲恵
DTP　臼田彩穂
編　集　方便凌
発行者　北畠夏影
発行所　株式会社イースト・プレス
〒101-0051
東京都千代田区神田神保町2-4-7 久月神田ビル
TEL：03-5213-4700
FAX：03-5213-4701
http://www.eastpress.co.jp

印刷所　中央精版印刷株式会社

ISBN978-4-7816-1778-7　C0030